projeto

ápis

EDUCAÇÃO INFANTIL

LINGUAGENS, MATEMÁTICA, NATUREZA E SOCIEDADE

3

editora ática

LUIZ ROBERTO DANTE

- LIVRE-DOCENTE EM EDUCAÇÃO MATEMÁTICA PELA UNESP – RIO CLARO
- DOUTOR EM PSICOLOGIA DA EDUCAÇÃO: ENSINO DA MATEMÁTICA PELA PUC – SÃO PAULO
- MESTRE EM MATEMÁTICA PELA USP
- LICENCIADO EM MATEMÁTICA PELA UNESP – RIO CLARO
- PESQUISADOR EM ENSINO E APRENDIZAGEM DA MATEMÁTICA PELA UNESP – RIO CLARO
- EX-PROFESSOR DO ENSINO FUNDAMENTAL E DO ENSINO MÉDIO NA REDE PÚBLICA
- AUTOR DE LIVROS PARA A EDUCAÇÃO BÁSICA

NOEMI BIANCHINI

- DOUTORA EM SOCIOLOGIA DA EDUCAÇÃO PELO PROGRAMA EDUCAÇÃO, HISTÓRIA, POLÍTICA E SOCIEDADE DA PUC – SÃO PAULO
- MESTRA EM EDUCAÇÃO ESCOLAR PELA UNESP – ARARAQUARA
- PÓS-GRADUADA EM TEORIA E CRÍTICA LITERÁRIA PELA UNESP – ARARAQUARA
- LICENCIADA EM LETRAS E PEDAGOGIA PELA FFCLA – FACULDADE DE FILOSOFIA, CIÊNCIAS E LETRAS DE ARARAS
- EXPERIÊNCIA COMO SUPERVISORA E COORDENADORA DE CONTEÚDOS PARA CURSOS DE FORMAÇÃO DE PROFESSORES
- EX-PROFESSORA DOS CURSOS DE GRADUAÇÃO E PÓS-GRADUAÇÃO NAS ÁREAS DE CURRÍCULO, LEGISLAÇÃO, GESTÃO E ALFABETIZAÇÃO
- EX-PROFESSORA DO ENSINO FUNDAMENTAL E DO ENSINO MÉDIO NAS REDES PÚBLICA E PRIVADA

editora ática

Direção de inovação e conteúdo: Guilherme Luz
Direção editorial: Luiz Tonolli e Renata Mascarenhas
Gestão de projeto editorial: Tatiany Renó
Gestão e coordenação de área: Ronaldo Rocha
Edição: Ronaldo Rocha, André Luiz Ramos de Oliveira (assist.)
Gerência de produção editorial: Ricardo de Gan Braga
Planejamento e controle de produção: Paula Godo, Roseli Said e Juliana Batista
Revisão: Hélia de Jesus Gonsaga (ger.), Kátia Scaff Marques (coord.), Rosângela Muricy (coord.), Adriana de Rinaldi, Carlos Eduardo Sigrist, Cesar G. Sacramento, Heloísa Schiavo, Larissa Vazquez, Luciana B. Azevedo, Luís M. Boa Nova, Paula T. de Jesus e Vanessa de Paula Santos
Edição de arte: André Gomes Vitale (coord.) e Christine Getschko (edição de arte)
Diagramação: Bárbara de Souza Silva, Lourenzo Acunzo e Renato Akira Belarmino dos Santos
Iconografia e licenciamento de texto: Sílvio Kligin (superv.), Denise Durand Kremer (coord.), Ana Vidotti, Fernando Cambetas e Karina Tengan (pesquisa iconográfica), Liliane Rodrigues e Luciana Sposito dos Santos Pereira (licenciamento de textos)
Tratamento de imagem: Cesar Wolf e Fernanda Crevin
Ilustrações: Maurenilson Freire (capa) e Biry Sarkis (miolo)
Capa: Gláucia Correa Koller
Projeto gráfico de miolo: Christine Getschko

Avenida das Nações Unidas, 7221, 3º andar, Setor A
Pinheiros – São Paulo – SP – CEP 05425-902
Tel.: 4003-3061
www.atica.com.br / editora@atica.com.br

Dados Internacionais de Catalogação na Publicação (CIP)
(Câmara Brasileira do Livro, SP, Brasil)

Dante, Luiz Roberto
Projeto Ápis : linguagens, matemática, natureza e sociedade : educação infantil : volume 1 ao 3 / Luiz Roberto Dante, Noemi Bianchini. -- 2. ed. -- São Paulo : Ática, 2017. -- (Projeto Ápis educação infantil)

1. Linguagem (Educação infantil) 2. Matemática (Educação infantil) 3. Natureza (Educação infantil) 4. Sociedade (Educação infantil) I. Bianchini, Noemi. II. Título. III. Série.

17-02031 CDD-372.21

Índice para catálogo sistemático:

1. Ensino integrado : Livros-texto : Educação Infantil 372.21

2023
ISBN 978 85 0818 441 5 (AL)
ISBN 978 85 0818 442 2 (PR)
Código da obra CL 740069
CAE 621238 (AL) / 621239 (PR)
2ª edição
8ª impressão

Impressão e acabamento: EGB Editora Gráfica Bernardi Ltda.

Uma publicação SOMOS EDUCAÇÃO

O PROJETO ÁPIS EDUCAÇÃO INFANTIL
CHEGA ATÉ VOCÊ TRAZENDO MUITO APRENDIZADO!

COM UMA LINGUAGEM SIMPLES E ATRAENTE, OS CONTEÚDOS ACOMPANHAM A EVOLUÇÃO DAS CRIANÇAS.

COMPARTILHE, APRENDA E DIVIRTA-SE!

DANTE E NOEMI

CONHEÇA SEU LIVRO

ESTA É A **TURMA DO YURI**, QUE ACOMPANHARÁ VOCÊ DURANTE TODO O ANO.

YURI **GABRIEL** **JOÃO** **ISA** **NUNO** **NINA** **PEDRO** **IARA** **LUCA** **MARIANA**

MATERIAL DE APOIO SEMPRE QUE VOCÊ ENCONTRAR ESTE ÍCONE SIGNIFICA QUE **HÁ PEÇAS E FIGURAS A SEREM DESTACADAS** NO FINAL DO LIVRO.

SUGESTÃO DE... O BOXE **SUGESTÃO DE...** APRESENTA MATERIAIS EXTRAS QUE COMPLEMENTAM OS TEMAS TRABALHADOS EM SALA DE AULA, AMPLIANDO O APRENDIZADO!

ESTAS SÃO AS SEÇÕES DO SEU LIVRO:

ABERTURAS DE UNIDADES
APRESENTAM IMAGENS SOBRE O TEMA QUE SERÁ ESTUDADO.

HORA DA HISTÓRIA
MOMENTO PARA OUVIR E CONTAR HISTÓRIAS E DEPOIS REALIZAR ATIVIDADES.

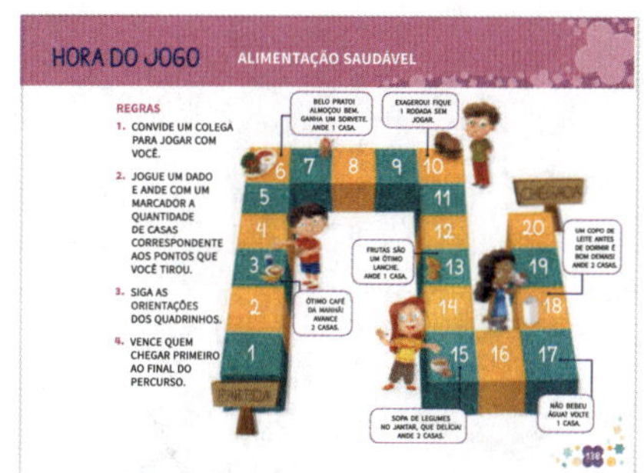

HORA DO JOGO
ATIVIDADES E JOGOS DIVERTIDOS PARA APRENDER MUITO MAIS!

HORA DA CURIOSIDADE
TRAZ ATIVIDADES PARA AMPLIAR CONHECIMENTOS A RESPEITO DO LUGAR ONDE SE VIVE.

HORA DA BRINCADEIRA
TRAZ ATIVIDADES DE ARTES, MÚSICA, MOVIMENTO E EXPRESSÃO CORPORAL.

SUMÁRIO

A B C D E F G H I J K L M N O P Q R S T U V W X Y Z
MARÇO
AS INVENÇÕES
RELÓGIO LÂMPADA TELEFONE
CARRO BÚSSOLA

FESTIVAL DAS CULTURAS

UNIDADE 1

NO MUNDO EM QUE VIVEMOS TEMOS...

A TURMA DO YURI

ALGUNS ALUNOS ESTÃO NA ESCOLA DESDE QUE ERAM BEM PEQUENOS E ATÉ JÁ ESTUDARAM NA MESMA SALA.
OUTROS ESTÃO SE ENCONTRANDO PELA PRIMEIRA VEZ.
NO COMEÇO DO ANO TODOS TÊM SEMPRE MUITAS COISAS PARA CONTAR!

- EM RODA, CONTE SUA HISTÓRIA OU ALGUMA NOVIDADE.
- DEPOIS, EM UMA FOLHA À PARTE, FAÇA UM DESENHO QUE REPRESENTE O QUE VOCÊ CONTOU AOS COLEGAS DE CLASSE.

QUANTOS SOMOS?

YURI GABRIEL JOÃO ISA NUNO NINA PEDRO IARA LUCA MARIANA

MATERIAL DE APOIO

VAMOS SEPARAR ESSA TURMA EM GRUPOS?

- DESTAQUE AS FIGURAS DA **PÁGINA 17** E COLE-AS NOS LUGARES INDICADOS.
- COLOQUE EM UM GRUPO AS MENINAS E NO OUTRO OS MENINOS:

- AGORA, FORME TRÊS GRUPOS SEGUNDO A COR DAS CAMISETAS:

- AQUI, VOCÊ ESCOLHE COMO AGRUPAR. PODEM SER DOIS OU MAIS GRUPOS.

NÓS E O PLANETA TERRA

- DESENHE O PLANETA TERRA.

COMO VIVEM AS PESSOAS...

- OBSERVE COMO FORAM IMAGINADOS E REPRESENTADOS DUAS FAMÍLIAS E OS LUGARES ONDE VIVEM:

NO PASSADO

EVERETT COLLECTION/FOTOARENA

NO FUTURO

HANNA-BARBERA PRODUCTIONS/WARNER BROS. ENTERTAINMENT

- AGORA É COM VOCÊ! PENSE EM ALGO DO PRESENTE E IMAGINE COMO SERÁ NO FUTURO. REPRESENTE OS DOIS MOMENTOS COM UM DESENHO.

SUGESTÃO DE LIVRO

REPRODUÇÃO/ED. MODERNA

LOLO BARNABÉ, DE EVA FURNARI. SÃO PAULO: MODERNA, 2010.

ONTEM E HOJE

- OBSERVE A FOTO A SEGUIR.

DONNA BEELER/SHUTTERSTOCK/GLOW IMAGES

FAMÍLIA
DE ANTIGAMENTE

FAMÍLIA
DE HOJE

- RECORTE DE UMA REVISTA OU UM JORNAL A FOTO DE UMA FAMÍLIA ATUAL E COLE-A NO QUADRO.
- O QUE MUDOU DE UMA FOTO PARA OUTRA? FALE DUAS DIFERENÇAS OBSERVADAS.

O QUE UM É DO OUTRO...

- CONVERSE COM OS COLEGAS SOBRE AS FAMÍLIAS ILUSTRADAS A SEGUIR.
- QUEM SÃO, PROVAVELMENTE, SEUS COMPONENTES?

- FAÇA UM **X** NAS FAMÍLIAS QUE TÊM O MESMO NÚMERO DE PESSOAS.
- SUA FAMÍLIA TEM MAIS DO QUE QUATRO PESSOAS? QUANTAS SÃO? CONTE PARA OS COLEGAS.

IDENTIDADE: QUEM É VOCÊ?

- PINTE AS TECLAS COM AS LETRAS DE SEU PRIMEIRO NOME. DEPOIS, ESCREVA-O NO RETÂNGULO BRANCO.

SHUTTERSTOCK/GLOW IMAGES

- ESCREVA A PRIMEIRA LETRA DE SEU NOME.

- QUANTAS LETRAS TEM SEU NOME?

- REGISTRE SUA DIGITAL.

ASSIM COMO CADA UM DE NÓS, NOSSAS DIGITAIS TAMBÉM SÃO ÚNICAS.
A ARTISTA INGRID ASPÖCK UTILIZOU DIGITAIS PARA FAZER ESTA OBRA BEM ORIGINAL. VEJA:

INGRID ASPOCK/<WWW.INGRID-ASPOECK.AT>

MAESTRO, DE INGRID ASPÖCK, 2012.

- AGORA É SUA VEZ: SOLTE SUA IMAGINAÇÃO E USE SUAS DIGITAIS PARA FAZER UMA IMAGEM BEM CRIATIVA NO ESPAÇO AO LADO.

DE ONDE VEM MEU NOME?

- VOCÊ JÁ SABE SEU NOME E SEU SOBRENOME? DIGA-OS AOS COLEGAS.

- O NOME COMPLETO DE GABRIEL É IGUAL AO DO PAI. COMO VOCÊ ACHA QUE O NOME DELE PODE TERMINAR?
- SE O NOME DE GABRIEL, ALÉM DE SER IGUAL AO DO PAI, FOR IGUAL AO DO AVÔ, COMO ELE PODE TERMINAR?
- SEU NOME COMPLETO É IGUAL AO DE ALGUÉM DE SUA FAMÍLIA?
- MONTE SEU NOME USANDO O ALFABETO MÓVEL. DEPOIS, ESCREVA-O ABAIXO.

MEU NOME PODERIA SER...

NOSSOS NOMES GERALMENTE SÃO ESCOLHIDOS POR NOSSOS PAIS E, NA MAIORIA DAS VEZES, ANTES DO NASCIMENTO.

NOME DA GENTE

[...]
EU NÃO GOSTO
DO MEU NOME,
NÃO FUI EU
QUEM ESCOLHEU.
EU NÃO SEI
POR QUE SE METEM
COM UM NOME
QUE É SÓ MEU!
[...]

CAVALGANDO O ARCO-ÍRIS, DE PEDRO BANDEIRA. 4. ED. SÃO PAULO: MODERNA, 2010.

- SE VOCÊ PUDESSE ESCOLHER OUTRO NOME, QUAL SERIA? ESCREVA-O NO QUADRO E CONTE PARA OS COLEGAS POR QUE GOSTA DELE.

AVÓS

VÔ

MEU VÔ
ME ENSINOU
A PESCAR
LAMBARIS.

MEU VÔ
ME ENSINOU
O PIO
DAS AVES.

[...]

GOSTAR
DO MEU VÔ
NINGUÉM
ME ENSINOU,
PORQUE ISSO
NEM
PRECISOU.

ZUM-ZUM-ZUM E OUTRAS POESIAS, DE LALAU E LAURABEATRIZ. SÃO PAULO: COMPANHIA DAS LETRINHAS, 2011.

- VEJA OS AVÓS DE JOÃO.

VOVÔ
AVÔ
VÔ

VOVÓ
AVÓ
VÓ

- QUANTAS LETRAS FORMAM AS PALAVRAS A SEGUIR?

VOVÔ ☐ AVÔ ☐ VÔ ☐

- CONTORNE A DIFERENÇA ENTRE AS PALAVRAS **VOVÔ** E **VOVÓ**.

VOVÔ VOVÓ

SUGESTÃO DE LIVRO

VOVÔ NÃO TOMA JEITO!, DE LILIANA IACOCCA E MICHELE IACOCCA. SÃO PAULO: MELHORAMENTOS, 2014. (FAMÍLIA MOREIRA).

OS AVÓS DE YURI

ESTES SÃO OS AVÓS DE YURI.

- OBSERVE-OS.

- CONTORNE COM A COR [lilás] A PESSOA MAIS ALTA.
- CONTORNE COM A COR [laranja] A PESSOA MAIS BAIXA.
- FAÇA UM **X** NO PORTA-RETRATOS MENOR.
- FAÇA UMA ● NO PORTA-RETRATOS QUE TEM MOLDURA MAIS LARGA.
- QUAL É A COR DE FUNDO DO PORTA-RETRATOS MENOR?

  PINTE O QUADRINHO AO LADO COM ESSA COR. ☐

UMA FAMÍLIA INTERESSANTE

- VEJA UMA PARTE DA ÁRVORE GENEALÓGICA DA FAMÍLIA DE ISA.

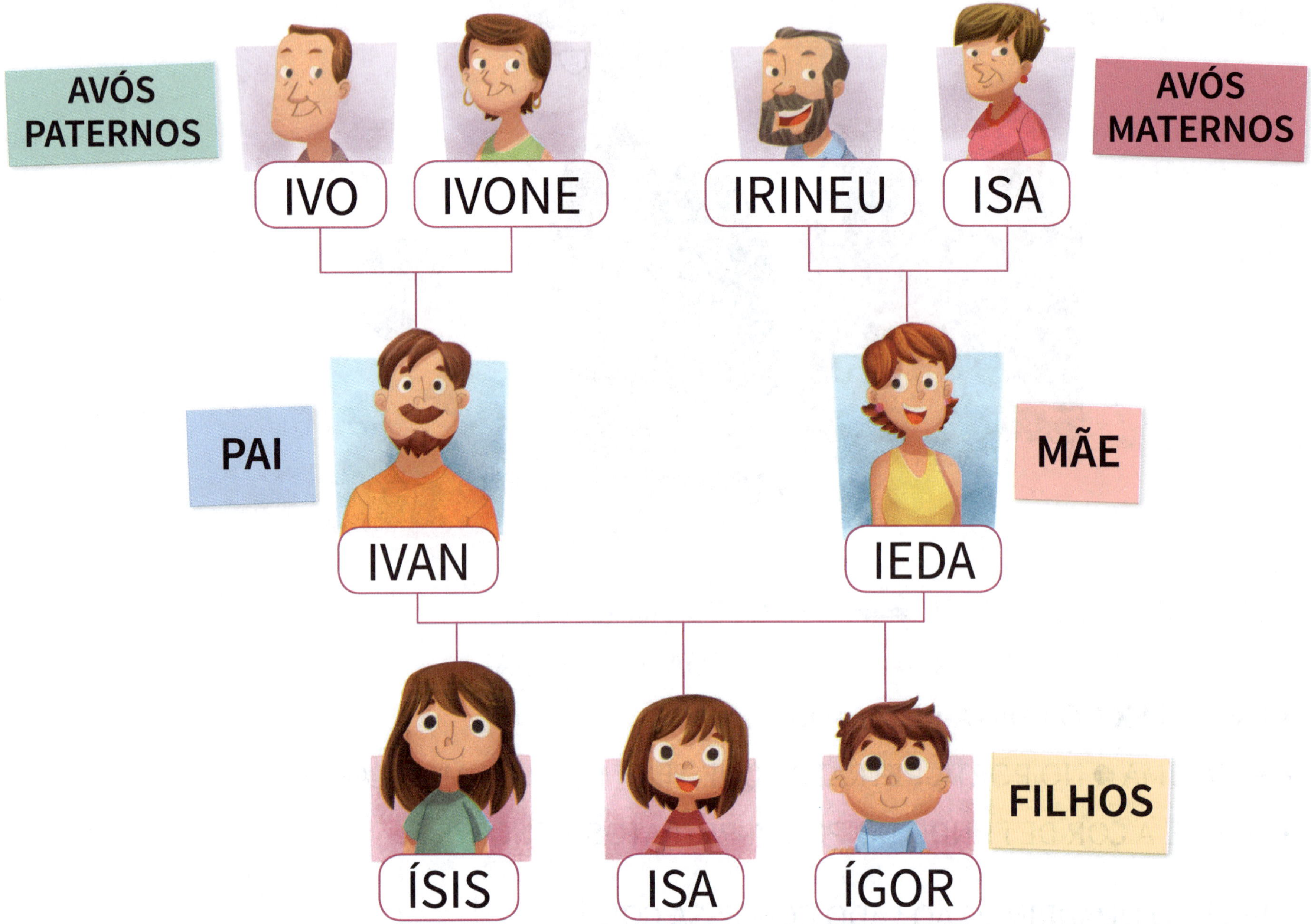

- DESCUBRA UMA CURIOSIDADE NOS NOMES DAS PESSOAS DESSA FAMÍLIA.

- PEÇA A UM ADULTO QUE ESCREVA, EM LETRA DE FORMA MAIÚSCULA, QUATRO NOMES DE SEUS FAMILIARES.

NOMES DE MEUS FAMILIARES

- LEIA PARA A CLASSE OS NOMES ESCRITOS ACIMA.
- COM UM COLEGA, DECIFRE OS NOMES QUE AINDA NÃO CONHECE.
- ESCOLHA UM DESSES NOMES E ESCREVA-O ABAIXO.

- LEIA ESSE NOME PARA OS COLEGAS DE CLASSE.

SEU NOME

- ACOMPANHE O TRECHO DA CANÇÃO.

SEU NOME

SE EU PENSAR EM ALGUÉM
PRA ME AJUDAR A QUALQUER HORA
VOU PENSAR EM VOCÊ.
DESDE QUE EU ERA BEBÊ
EU NÃO ME CANSO
DE CHAMAR O SEU NOME
[...]

UM PARA O OUTRO (CD-LIVRO), DE PAULA SANTISTEBAN E EDUARDO BOLOGNA, 2011. (MÚSICA EM FAMÍLIA).

- QUAL É O NOME DE UMA PESSOA DA SUA FAMÍLIA QUE VOCÊ NÃO SE CANSA DE CHAMAR? ESCREVA-O.

- QUEM É ESSA PESSOA? CONTORNE.

PAI MÃE IRMÃO
IRMÃ AVÔ AVÓ TIO
TIA PRIMO PRIMA

- AGORA, FAÇA O DESENHO DESSA PESSOA.

OS PRESENTES DA TIA

A TIA DE YURI TROUXE LIVROS DE ANIMAIS PARA COLORIR E GIZES DE CERA DE PRESENTE PARA ELE.

- PINTE DE A CAPA DO LIVRO MAIS GROSSO E DE A CAPA DO LIVRO MAIS FINO. PINTE DA COR QUE VOCÊ QUISER A CAPA DO LIVRO QUE RESTOU.
- CONTORNE OS GIZES DE CERA FINOS. QUANTOS SÃO?
- QUANTOS GIZES DE CERA GROSSOS ELE GANHOU?
- QUANTOS GIZES DE CERA YURI GANHOU AO TODO?

TITIA, TITIA...

- ACOMPANHE A LEITURA DO PROFESSOR.

[...]

A TIA CARLOTA
TRICOTA E TRICOTA.
AI, COMO TRICOTA
A TIA CARLOTA!

O RATO ROENDO
O VELHO SAPATO
DA TIA CARLOTA...
A TIA CARLOTA
NEM NOTA, NEM NOTA!

[...]

TIA CARLOTA TRICOTA E TRICOTA, DE SYLVIA ORTHOF. 5. ED. SÃO PAULO: PAULINAS, 2006. (LUA NOVA).

- OBSERVE AS PALAVRAS QUE RIMAM NO TEXTO.
- QUAIS SÃO AS LETRAS QUE FORMAM AS RIMAS? PINTE-AS.
- ESCREVA NOS QUADRINHOS AS LETRAS QUE VOCÊ PINTOU NO POEMA.

ÁLBUM DE FOTOS

MARIANA ESTÁ COLECIONANDO FOTOS DA FAMÍLIA.
ELA JÁ COLOU FOTOS DE SEU AVÔ.

- DESCUBRA A SEQUÊNCIA CORRETA E PINTE O QUADRINHO.

  ATENÇÃO: MARIANA COMEÇOU PELAS FOTOS DE QUANDO SEU AVÔ ERA BEBÊ ATÉ CHEGAR À IDADE ATUAL.

IGUAIS OU DIFERENTES?

AS PESSOAS SÃO SEMELHANTES E, AO MESMO TEMPO, DIFERENTES EM MUITAS COISAS.

- OBSERVE AS PESSOAS NA CENA ACIMA E DIGA EM QUE ELAS SÃO SEMELHANTES E EM QUE SÃO DIFERENTES.

QUEM É QUEM?

- OUÇA ATENTAMENTE AS INFORMAÇÕES QUE O PROFESSOR VAI LER.
- DESCUBRA QUEM É QUEM.

E VOCÊ, COMO É?

- PINTE AS IMAGENS DE ACORDO COM SUAS PRÓPRIAS CARACTERÍSTICAS.

SOU MENINA

SOU MENINO

COR DOS MEUS OLHOS

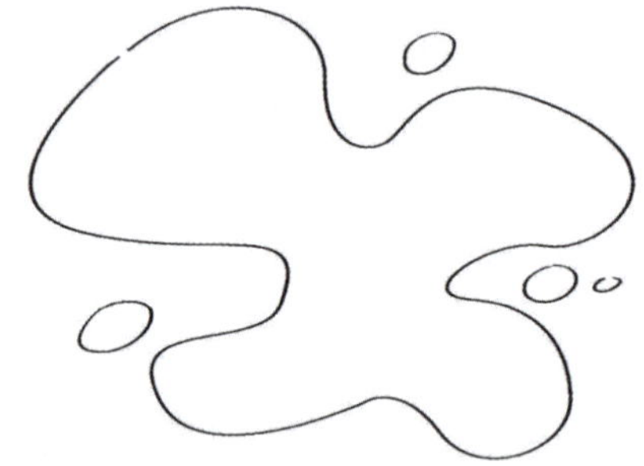

COR DOS MEUS CABELOS

- FAÇA UM DESENHO DE COMO VOCÊ É.

QUANTOS DIAS TENHO DE ESPERAR...

- CONTORNE NO CALENDÁRIO O DIA DO ANIVERSÁRIO DE LUCA.

JANEIRO

DOM.	SEG.	TER.	QUA.	QUI.	SEX.	SÁB.
	1	2	3	4	5	6
7	8	9	10	11	12	13
14	15	16	17	18	19	20
21	22	23	24	25	26	27
28	29	30	31			

FEVEREIRO

DOM.	SEG.	TER.	QUA.	QUI.	SEX.	SÁB.
				1	2	3
4	5	6	7	8	9	10
11	12	13	14	15	16	17
18	19	20	21	22	23	24
25	26	27	28			

MARÇO

DOM.	SEG.	TER.	QUA.	QUI.	SEX.	SÁB.
				1	2	3
4	5	6	7	8	9	10
11	12	13	14	15	16	17
18	19	20	21	22	23	24
25	26	27	28	29	30	31

ABRIL

DOM.	SEG.	TER.	QUA.	QUI.	SEX.	SÁB.
1	2	3	4	5	6	7
8	9	10	11	12	13	14
15	16	17	18	19	20	21
22	23	24	25	26	27	28
29	30					

MAIO

DOM.	SEG.	TER.	QUA.	QUI.	SEX.	SÁB.
		1	2	3	4	5
6	7	8	9	10	11	12
13	14	15	16	17	18	19
20	21	22	23	24	25	26
27	28	29	30	31		

JUNHO

DOM.	SEG.	TER.	QUA.	QUI.	SEX.	SÁB.
					1	2
3	4	5	6	7	8	9
10	11	12	13	14	15	16
17	18	19	20	21	22	23
24	25	26	27	28	29	30

JULHO

DOM.	SEG.	TER.	QUA.	QUI.	SEX.	SÁB.
1	2	3	4	5	6	7
8	9	10	11	12	13	14
15	16	17	18	19	20	21
22	23	24	25	26	27	28
29	30	31				

AGOSTO

DOM.	SEG.	TER.	QUA.	QUI.	SEX.	SÁB.
			1	2	3	4
5	6	7	8	9	10	11
12	13	14	15	16	17	18
19	20	21	22	23	24	25
26	27	28	29	30	31	

SETEMBRO

DOM.	SEG.	TER.	QUA.	QUI.	SEX.	SÁB.
						1
2	3	4	5	6	7	8
9	10	11	12	13	14	15
16	17	18	19	20	21	22
23	24	25	26	27	28	29
30						

OUTUBRO

DOM.	SEG.	TER.	QUA.	QUI.	SEX.	SÁB.
	1	2	3	4	5	6
7	8	9	10	11	12	13
14	15	16	17	18	19	20
21	22	23	24	25	26	27
28	29	30	31			

NOVEMBRO

DOM.	SEG.	TER.	QUA.	QUI.	SEX.	SÁB.
				1	2	3
4	5	6	7	8	9	10
11	12	13	14	15	16	17
18	19	20	21	22	23	24
25	26	27	28	29	30	

DEZEMBRO

DOM.	SEG.	TER.	QUA.	QUI.	SEX.	SÁB.
						1
2	3	4	5	6	7	8
9	10	11	12	13	14	15
16	17	18	19	20	21	22
23	24	25	26	27	28	29
30	31					

- E O SEU ANIVERSÁRIO, QUANDO É? CONTORNE A DATA NO CALENDÁRIO.

MEU ANIVERSÁRIO!

A VELA DE 5 ANOS,

DEVO HOJE APAGAR.

DO BOLO DAREI UM PEDACINHO

A QUEM VIER ME ABRAÇAR!

DATA: 12 DE MAIO

HORÁRIO: 15 HORAS

- QUANTOS ANOS NINA VAI FAZER? ☐

- E VOCÊ, QUANTOS ANOS TEM? PINTE O QUADRINHO QUE MOSTRA SUA IDADE.

4 ANOS	5 ANOS	6 ANOS

QUE BOLO É ESTE?

- ACOMPANHE A LEITURA DO PROFESSOR.

A VIAGEM DE UM BARQUINHO

[...]
— QUE BELEZA, QUE CONSOLO,
EU FAÇO ANIVERSÁRIO
E LEMBRARAM DO MEU BOLO?

AI, QUE BOLO ENCANTADO,
TODO FEITO DE MUDANÇA,
TINHA O GOSTO PREFERIDO
DE QUEM O SABOREASSE:

— MEU BOLO É DE ALFACE,
MISTURADO COM LEGUME —
DIZIA, TODO CRIANÇA,
O GULOSO VAGA-LUME.

— O MEU É DE AIPIM ASSADO,
TEMPERADO COM GOIABA!

— O MEU É DE BRIGADEIRO,
MASTIGO, NUNCA SE ACABA!
[...]

A VIAGEM DE UM BARQUINHO, DE SYLVIA ORTHOF. 2. ED. SÃO PAULO: MODERNA, 2002. (GIRASSOL).

- IMAGINE COMO SERIA SEU BOLO DE ANIVERSÁRIO. DESENHE-O COM O NÚMERO DE VELINHAS DE SEU PRÓXIMO ANIVERSÁRIO.

ANIVERSÁRIOS DA TURMA

VAMOS FAZER UM GRÁFICO DOS ANIVERSÁRIOS DA TURMA?
O PROFESSOR VAI PERGUNTAR: "QUEM FAZ ANIVERSÁRIO EM JANEIRO?". DEPOIS PERGUNTAR: "QUEM FAZ ANIVERSÁRIO EM FEVEREIRO?", E ASSIM POR DIANTE, ATÉ DEZEMBRO.

- PINTE UM QUADRINHO PARA CADA ANIVERSARIANTE DO MÊS.

ANIVERSARIANTES

- EM QUE MÊS HÁ MENOS ANIVERSARIANTES?

- EM QUE MÊS HÁ MAIS ANIVERSARIANTES?

- QUANTOS ALUNOS FAZEM ANIVERSÁRIO EM MAIO?

- QUANTOS ALUNOS PARTICIPARAM DA PESQUISA?

BINGO DOS NOMES

- A TURMA DE YURI ESTÁ BRINCANDO DE BINGO. OUÇA AS INSTRUÇÕES E BRINQUE COM OS COLEGAS.

PARTICIPANTES

A CLASSE TODA

REGRAS

MATERIAL DE APOIO

1. DESTAQUE AS PEÇAS DA **PÁGINA 17**.
2. ESCOLHA TRÊS NOMES DE PERSONAGENS E ESCREVA-OS EM SUA CARTELA.
3. DEPOIS QUE TODOS ESTIVEREM COM AS CARTELAS DE BINGO PRONTAS, UM ALUNO COLOCA OS NOMES DOS PERSONAGENS EM UM SAQUINHO E VAI À FRENTE DA SALA.
4. O ALUNO DEVE SORTEAR UM NOME, MOSTRÁ-LO PARA OS COLEGAS E DIZER O NOME DO PERSONAGEM.
5. VERIFIQUE SE O NOME SORTEADO FOI UM DOS NOMES ESCRITOS NA SUA CARTELA DE BINGO. SE O NOME ESTIVER NA CARTELA, COLOQUE A PEÇA COM O NOME DO PERSONAGEM SOBRE ELE.
6. O PRIMEIRO A PREENCHER A CARTELA GRITA "BINGO" E VENCE A RODADA.

CHAPEUZINHO AMARELO

- VOCÊ CONHECE A HISTÓRIA **CHAPEUZINHO AMARELO**? OUÇA A LEITURA DO PROFESSOR E CONVERSE COM OS COLEGAS.

CHAPEUZINHO AMARELO ERA UMA MENINA QUE TINHA MEDO DE TUDO. DE TANTO MEDO, ELA NÃO IA A FESTAS, NÃO BRINCAVA, NÃO FALAVA, NÃO IA À RUA... ELA VIVIA EM CASA QUIETA, PARADA.
DE TODOS OS MEDOS QUE SENTIA, O MEDO MAIOR DE CHAPEUZINHO ERA DE UM LOBO, QUE ELA NEM SABIA SE EXISTIA. ESSE MEDO, NO ENTANTO, DUROU ATÉ O DIA EM QUE ENCONTROU COM O LOBO...
A PARTIR DESSE DIA, CHAPEUZINHO AMARELO RESOLVEU TRANSFORMAR TODOS OS SEUS MEDOS EM COMPANHEIROS E, ASSIM, PASSOU A CRIAR PALAVRAS PARA BRINCAR: "**LOBO** VIROU **BOLO**, **BRUXA** VIROU **XABRU**, **BARATA** VIROU **TABARÁ**...".

- AGORA, CRIE ALGUMAS PALAVRAS, ASSIM COMO FEZ CHAPEUZINHO AMARELO, PARA TRANSFORMAR SEUS MEDOS.

____

____

____

____

____

____

____

SUGESTÃO DE LIVRO

CHAPEUZINHO AMARELO, DE CHICO BUARQUE. SÃO PAULO: JOSÉ OLYMPIO, 2003.

O DIA E A NOITE

- CONVERSE COM OS COLEGAS E RESPONDAM: COMO OCORREM O DIA E A NOITE?

- ESCREVA AS PALAVRAS **SOL** E **LUA** AO LADO DAS ILUSTRAÇÕES.

COMO MEDIR O TEMPO

O RELÓGIO FOI UMA GRANDE INVENÇÃO DO SER HUMANO.

ANTIGAMENTE	ATUALMENTE
 ALISTAIR SCOTT/SHUTTERSTOCK/GLOW IMAGES	 STILLFX/SHUTTERSTOCK/GLOW IMAGES
RELÓGIO DE SOL	RELÓGIO MODERNO

- PESQUISE, RECORTE E COLE UM RELÓGIO QUE VOCÊ ACHE INTERESSANTE.

- MOSTRE O RELÓGIO AOS COLEGAS E COMENTE POR QUE VOCÊ O ESCOLHEU.

QUE HORAS SÃO?

- VOCÊ SABE LER AS HORAS EXATAS EM UM RELÓGIO DE PONTEIROS? O PONTEIRO GRANDE DEVE ESTAR NO 12. O PONTEIRO PEQUENO VAI INDICAR AS HORAS.

- ESCREVA NOS QUADRINHOS AS HORAS MARCADAS NOS RELÓGIOS.

☐ HORAS

☐ HORAS

- AGORA VOCÊ MARCA A HORA.

☐ HORAS

SUGESTÃO DE LIVRO

A ARCA DE NOÉ, DE VINICIUS DE MORAES. SÃO PAULO: COMPANHIA DAS LETRAS, 1993.

- COMPLETE A SEQUÊNCIA DE NÚMEROS.

1		3	4		6		8		10		12

MATERIAL DE APOIO

- DESTAQUE E MONTE O RELÓGIO DA **PÁGINA 19**.

RELÓGIOS E MAIS RELÓGIOS

JOÃO GOSTA DE RELÓGIOS ANALÓGICOS, COM PONTEIROS. PEDRO PREFERE RELÓGIOS DIGITAIS, SEM PONTEIROS. ELES PEDIRAM A ISA QUE MOSTRASSE OS RELÓGIOS QUE ESTAVAM MARCANDO A MESMA HORA. VAMOS AJUDÁ-LA?

- LIGUE OS RELÓGIOS QUE ESTÃO MARCANDO A MESMA HORA.

MEU DIA COMEÇA ASSIM...

ESTES SÃO ALGUNS DOS SONS QUE NINA OUVE AO ACORDAR DE MANHÃ...

- LIGUE O SOM AO QUE O PRODUZ.

TRRRIIIMMM!

AU-AU!

CHUÁÁÁ!

PRIIII!

- ACOMPANHE A LEITURA FEITA PELO PROFESSOR.

TRRRIIIMMM!
O DIA COMEÇA ASSIM.
AO SOM DO
DESPERTADOR,
NINA PUXA
O COBERTOR.

COBRE O ROSTO,
SE ESCONDE.
O QUÊ? QUANDO?
COMO? ONDE?

JÁ É HORA
DE ACORDAR?!
SÓ MAIS CINCO
MINUTINHOS...
EU SÓ QUERO
ESPREGUIÇAR!

PALAVRINHA OU PALAVRÃO?,
DE KARIN SÁ REGO E DANIEL KONDO.
SÃO PAULO: COMPANHIA
DAS LETRINHAS, 2010.

SUGESTÃO DE LIVRO

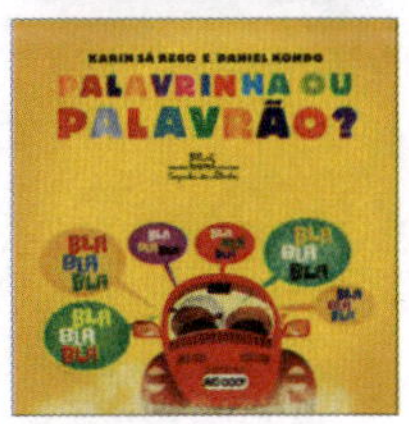

PALAVRINHA OU PALAVRÃO?, DE KARIN SÁ REGO E DANIEL KONDO. SÃO PAULO: COMPANHIA DAS LETRINHAS, 2010.

AS HORAS DO DIA

- OBSERVE AS CENAS A SEGUIR.
- VOCÊ ACHA QUE AS HORAS PASSAM MAIS DEPRESSA DE DIA OU À NOITE?

- QUANTAS HORAS VOCÊ COSTUMA DORMIR? ☐

- QUANTAS HORAS VOCÊ FICA NA ESCOLA? ☐

- DESENHE NO QUADRO OUTRAS COISAS QUE VOCÊ COSTUMA FAZER QUANDO NÃO ESTÁ NA ESCOLA.

BANHO É BOM!

* OBSERVE ALGUNS HÁBITOS SAUDÁVEIS. COMPLETE AS PALAVRAS.

ESCOVAR

D	E	N			S

PENTEAR

C	A					

CORTAR

	N	H		S

* LEIA A HISTÓRIA EM QUADRINHOS.

DISPONÍVEL EM: <WWW.MONICA.COM.BR/COOKPAGE/COOKPAGE.CGI?!PAG=COMICS/TIRINHAS/TIRA284>. ACESSO EM: 13 FEV. 2013.

ANTES, DURANTE E DEPOIS

MATERIAL DE APOIO

- DESTAQUE AS CENAS DA **PÁGINA 19** E COLE CADA IMAGEM NO LUGAR QUE ESTEJA DE ACORDO COM O QUE O PROFESSOR VAI LER.

ANTES DO ALMOÇO	DURANTE O ALMOÇO	DEPOIS DO ALMOÇO

- AGORA, FAÇA UM LEVANTAMENTO DO QUE VOCÊ COSTUMA FAZER:

ANTES DE IR À ESCOLA.

DEPOIS DAS AULAS.

ANTES DE FAZER UM PASSEIO NO PARQUE.

DURANTE O PASSEIO.

NOS FINS DE SEMANA.

ROTINA

MANHÃ

TARDE

NOITE

- CONVERSE COM OS COLEGAS:

  O QUE JOÃO ESTÁ FAZENDO EM CADA CENA?

  EM QUE PERÍODO DO DIA ELE FAZ AS COISAS DAS CENAS MARCADAS COM ●?

  O QUE VOCÊ ACHA QUE JOÃO FEZ ENTRE A PRIMEIRA E A SEGUNDA CENA?

  O QUE ELE PODE TER FEITO ANTES DA ÚLTIMA CENA?

GULOSA?

- ACOMPANHE A LEITURA DO PROFESSOR E FIQUE ATENTO ÀS PALAVRAS QUE RIMAM.

SEMANA DA MENINA GULOSA

NA SEGUNDA, COMO PÃO.
NA TERÇA, LEITE EU BEBO.
NA QUARTA, PAPO GEMADA.
NA QUINTA, DEVORO COALHADA.
NA SEXTA, COMO PESCADA.
NO SÁBADO, BAU, BAU, BACALHAU.
NO DOMINGO, NEM FAÍSCA DO QUEIJO DEIXO.

DIGA-ME, AGORA, SENHORA:
SOU OU NÃO SOU GULOSA?

QUEM FAZ OS DIAS DA SEMANA?, DE LÚCIA PIMENTEL GÓES. SÃO PAULO: LAROUSSE, 2005. (BANQUETE FOLCLÓRICO).

ALFONSO DE TOMAS/SHUTTERSTOCK/GLOW IMAGES

- QUANTOS DIAS TEM UMA SEMANA?

☐ DIAS

- CONTORNE NO POEMA O NOME DE CADA DIA DA SEMANA.
- CONTORNE AS LETRAS QUE FORMAM A RIMA DAS PALAVRAS ABAIXO.

GEMADA

COALHADA

PESCADA

- AGORA, ESCREVA ESSAS LETRAS NOS QUADRINHOS.

UMA DATA IMPORTANTE

ESTE ANO VAMOS FAZER UMA FESTA PARA COMEMORAR O ANIVERSÁRIO DA ESCOLA!

- PARA SABER EM QUE MÊS VAI SER A COMEMORAÇÃO, ESCOLHA UMA COR E PINTE O NOME DO ÚNICO MÊS QUE TERMINA COM UMA LETRA DIFERENTE DAS DE TODOS OS OUTROS.

JANEIRO
FEVEREIRO
MARÇO
ABRIL
MAIO
JUNHO
JULHO
AGOSTO
SETEMBRO
OUTUBRO
NOVEMBRO
DEZEMBRO

- COPIE UMA LETRA EM CADA QUADRINHO E FORME O NOME DO MÊS EM QUE SERÁ REALIZADA A FESTA PARA COMEMORAR O ANIVERSÁRIO DA ESCOLA.

VAMOS FAZER UM DIÁRIO?

- OBSERVE UM DIA DO **DIÁRIO DE UMA MINHOCA**.

SUGESTÃO DE LIVRO

DIÁRIO DE UMA MINHOCA, DE DOREEN CRONIN. SÃO PAULO: COMPANHIA DAS LETRINHAS, 2004.

- AGORA, ACOMPANHE A LEITURA DO TEXTO.

8 DE MAIO

TIVE UM PESADELO HORRÍVEL ESTA NOITE...
... SONHEI QUE UMAS AVES GIGANTESCAS BRINCAVAM DE AMARELINHA.
MAMÃE DISSE QUE PRECISO PARAR DE COMER TANTO LIXO ANTES DE DORMIR.

DIÁRIO DE UMA MINHOCA, DE DOREEN CRONIN. SÃO PAULO: COMPANHIA DAS LETRINHAS, 2004.

- E VOCÊ, COSTUMA SONHAR? COM O QUÊ? REGISTRE EM UMA FOLHA AVULSA.

UNIDADE 2

TUDO TEM HISTÓRIA

UMA GRANDE INVENÇÃO

UMA DAS MAIS IMPORTANTES INVENÇÕES DO SER HUMANO FOI A RODA.

AS IMAGENS DESTA PÁGINA NÃO ESTÃO REPRESENTADAS EM PROPORÇÃO.

LUIZ ROCHA/SHUTTERSTOCK/ GLOW IMAGES

ERENA.WILSON/ SHUTTERSTOCK/GLOW IMAGES

- PROCURE EM REVISTAS IMAGENS DE MODOS ATUAIS DO USO DA RODA. RECORTE E COLE AS IMAGENS ENCONTRADAS NO ESPAÇO ABAIXO.

- COMPLETE A PALAVRA COM AS LETRAS QUE FALTAM.

R		D	

A RODA

- ACOMPANHE A LEITURA DOS TRECHOS DAS CANTIGAS COM O PROFESSOR.

A RODA DO ÔNIBUS

A RODA DO ÔNIBUS
GIRA, GIRA,
GIRA, GIRA,
GIRA, GIRA,
A RODA DO ÔNIBUS
GIRA, GIRA,
PELA CIDADE
[...]

RODA PIÃO

O PIÃO ENTROU NA RODA, Ô PIÃO
O PIÃO ENTROU NA RODA, Ô PIÃO
RODA, PIÃO; BAMBEIA, PIÃO
RODA, PIÃO; BAMBEIA, PIÃO
[...]

CANTIGAS POPULARES.

MATERIAL DE APOIO

- DESTAQUE AS FIGURAS DA **PÁGINA 21** E COLE-AS NOS QUADROS CORRETOS.
- CONTORNE A PALAVRA **RODA** EM CADA TRECHO CITADO. ESCREVA-A NOS QUADRINHOS.

UM POUCO MAIS... DE RODA!

- ACOMPANHE A LEITURA DO PROFESSOR. DEPOIS, DESENHE O TRECHO CITADO.

RODA QUE RODA!
RODAS DE FERRO SOBRE TRILHOS DE FERRO.
OS TRENS A VAPOR BUFAVAM E RONCAVAM...
[...]
RODA QUE RODA! [...]
EMPURRANDO OS PRIMEIROS AUTOMÓVEIS
POR ESTRADAS ESBURACADAS. FONFOM!

RODA QUE RODA: UMA HISTÓRIA DE RODAS, ENGRENAGENS E ROLDANAS, DE MICK MANNING E BRITA GRANSTRÖM. TRADUÇÃO DE MARCOS BAGNO. SÃO PAULO: ÁTICA, 2002.

SUGESTÕES DE LIVROS

ISSO ISSO, DE SELMA MARIA KUASNE. SÃO PAULO: PEIRÓPOLIS, 2010.

É TUDO INVENÇÃO, DE RICARDO SILVESTRIN. SÃO PAULO: ÁTICA, 2003.

QUANTAS INVENÇÕES!

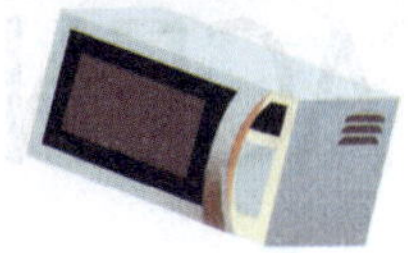

- ACOMPANHE A LEITURA DO PROFESSOR.

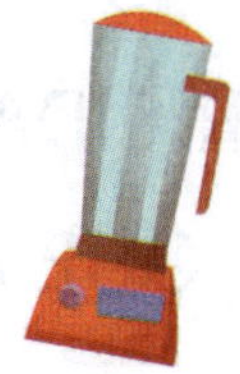

[...]
BRISA E LOLO CHEGAVAM EM CASA CEDO, BEIJAVAM O FILHO, MAS DEPOIS AINDA PRECISAVAM FAZER O JANTAR, LAVAR A LOUÇA, A ROUPA, PASSAR PANO NO CHÃO. A CASA DELES, AGORA, ERA LIMPINHA, CONFORTÁVEL E TINHA COMIDA GOSTOSA, MAS ERA UMA TRABALHEIRA SEM FIM.

ACHARAM QUE A SOLUÇÃO DEFINITIVA ERA FACILITAR AINDA MAIS AS TAREFAS DO LAR. [...] ELES INVENTARAM OS ELETRODOMÉSTICOS. MICRO-ONDAS, CENTRÍFUGA, FORNINHO, BATEDEIRA, SANDUICHEIRA. LIQUIDIFICADOR, ESPREMEDOR, ASPIRADOR DE PÓ, COMPUTADOR. MÁQUINA DE LAVAR ROUPA, LOUÇA, SECADORA, GELADEIRA, *FREEZER*.

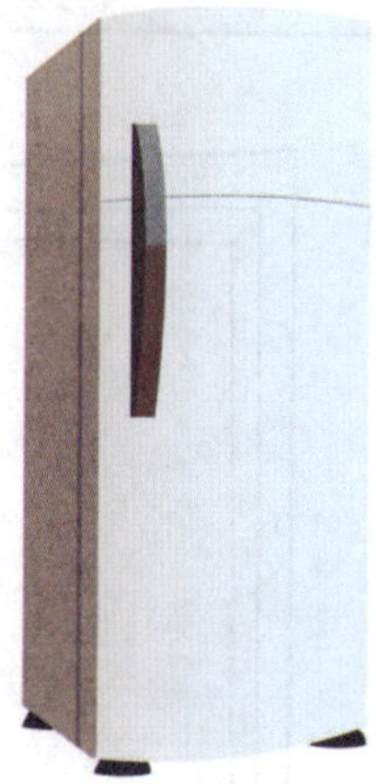

E, NO FIM DE SEMANA, QUANDO, FINALMENTE, ELES IAM DESCANSAR, PERCEBERAM QUE TINHAM ESQUECIDO DE INVENTAR A TOMADA. [...]

LOLO BARNABÉ, DE EVA FURNARI. 2. ED. SÃO PAULO: MODERNA, 2010. (SÉRIE DO AVESSO).

- CONVERSE A RESPEITO DAS INVENÇÕES QUE APARECEM NO TEXTO.
- ESCREVA O NOME DE DUAS INVENÇÕES QUE VOCÊ CONSIDERA MUITO IMPORTANTES.

VAMOS ACENDER A LUZ?

MATERIAL DE APOIO

A ELETRICIDADE FOI OUTRA GRANDE INVENÇÃO DA HUMANIDADE!

- DESTAQUE AS PEÇAS DA **PÁGINA 21** E COMPLETE A CENA A SEGUIR.

UM DIA (OU HORAS) SEM ENERGIA ELÉTRICA...

- DESENHE O QUE VOCÊ ACHA QUE ACONTECERIA SE FALTASSE ENERGIA ELÉTRICA UM DIA INTEIRO.

O QUE VOCÊ QUER DIZER?

DESDE MUITO TEMPO, OS DESENHOS SÃO UTILIZADOS PARA A COMUNICAÇÃO.

- OBSERVE AS IMAGENS.

AS IMAGENS DESTA PÁGINA NÃO ESTÃO REPRESENTADAS EM PROPORÇÃO.

ROBERT HARDING/ALAMYFOTOARENA

PINTURA RUPESTRE EM SÍTIO ARQUEOLÓGICO NO SUL DA ARGÉLIA, DATADA ENTRE 5500 a.C. E 2000 a.C., RETRATA ANIMAIS DOMESTICADOS, FERRAMENTAS E CERIMÔNIAS.

COBALT88/SHUTTERSTOCK

- O QUE ESSAS IMAGENS ESTÃO RETRATANDO?
- FAÇA UMA MENSAGEM PARA UM COLEGA UTILIZANDO SOMENTE DESENHOS. DEPOIS, TROQUEM SUAS MENSAGENS E DIVIRTAM-SE!

SUGESTÃO DE LIVRO

REPRODUÇÃO/EDITORA MELHORAMENTOS

O LIVRO DA ESCRITA, DE RUTH ROCHA E OTÁVIO ROTH. SÃO PAULO: MELHORAMENTOS, 2014.

EU ME LEMBRO...

- ACOMPANHE A LEITURA DO PROFESSOR.

[...]
AOS QUATRO ANOS ANDEI PELA PRIMEIRA VEZ DE AUTOMÓVEL, UMA ESPÉCIE DE BANHEIRA ENORME COM QUATRO RODAS. MINHA MÃE ME SEGURAVA, TEMENDO UM TOMBO, POIS ÍAMOS À LOUCA VELOCIDADE DE VINTE E CINCO QUILÔMETROS POR HORA.

EU ME LEMBRO, DE GERDA BRENTANI. SÃO PAULO: COMPANHIA DAS LETRINHAS, 1996.

- DESENHE OU RECORTE E COLE UMA IMAGEM QUE REPRESENTE ESSE MEIO DE TRANSPORTE:

QUANDO FOI INVENTADO	ATUALMENTE

SUGESTÃO DE LIVRO

REPRODUÇÃO/COMPANHIA DAS LETRINHAS

EU ME LEMBRO, DE GERDA BRENTANI. SÃO PAULO: COMPANHIA DAS LETRINHAS, 1996.

QUE REINO É ESTE?

- ACOMPANHE A LEITURA DO PROFESSOR.

A CHAVE DO REINO

ESTA É A CHAVE DO REINO —
NESTE REINO HÁ UMA CIDADE
NESTA CIDADE HÁ UM BAIRRO ALTO
NESTE BAIRRO HÁ UMA RUA LARGA
NESTA RUA HÁ UMA TRAVESSA
NESTA TRAVESSA HÁ UM GRAMADO
NESTE GRAMADO HÁ UMA CASA
NESTA CASA HÁ UM QUARTO
NESTE QUARTO HÁ UMA CAMA
NESTA CAMA, UMA CESTA DE FLORES,
UMA CESTA DE LINDAS
DE FLORES, DE FLORES,
UMA CESTA DE LINDAS FLORES.
[...]

UM CALDEIRÃO DE POEMAS 2, DE TATIANA BELINKY.
SÃO PAULO: COMPANHIA DAS LETRINHAS, 2012.

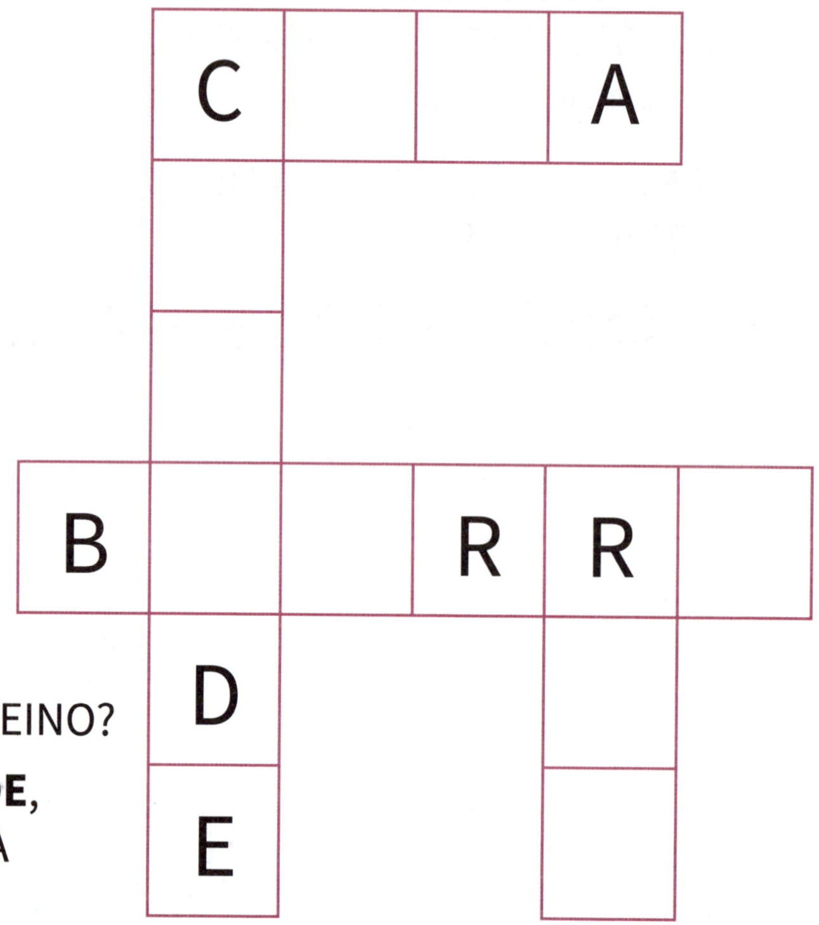

- DE ACORDO COM O POEMA, O QUE HÁ NO REINO?
- CONTORNE NO POEMA AS PALAVRAS **CIDADE**, **BAIRRO**, **RUA** E **CASA**. DEPOIS, COMPLETE A CRUZADINHA COM ESSAS PALAVRAS.

O SER HUMANO INVENTOU SUAS MORADIAS

* CONTORNE A MORADIA QUE MAIS SE PARECE COM A QUE VOCÊ MORA.

AS IMAGENS DESTA PÁGINA NÃO ESTÃO REPRESENTADAS EM PROPORÇÃO.

JOÃO PRUDENTE/PULSAR IMAGENS

PAU A PIQUE

LUCIANO QUEIROZ/SHUTTERSTOCK/GLOW IMAGES

CASA DE MADEIRA

VOVA SHEVCHUK/SHUTTERSTOCK/GLOW IMAGES

IGLU

G. EVANGELISTA/OPÇÃO BRASIL IMAGENS

SOBRADO

ERNESTO REGHRAN/PULSAR IMAGENS

BARRACO

G. EVANGELISTA/OPÇÃO BRASIL IMAGENS

CASA TÉRREA

J. L. BULCÃO/PULSAR IMAGENS

OCA

VLADIMIR NENEZIC/SHUTTERSTOCK/GLOW IMAGES

PRÉDIO

MINHA CASA

- E SUA MORADIA? ONDE ELA FICA? COMO ELA É?
- CONSIDERANDO SUA MORADIA, MARQUE UM **X** EM CADA GRUPO.

CAMPO

CIDADE

RUA TRANQUILA

RUA AGITADA

CASA

SOBRADO

APARTAMENTO

DUAS CIDADES, DUAS REALIDADES...

- OBSERVE AS FOTOS DE DUAS CIDADES BRASILEIRAS.

SÃO PAULO (SP), 2013.

OURO PRETO (MG), 2015.

- USE O MATERIAL QUE DESEJAR PARA REPRESENTAR O QUE VOCÊ VÊ DA JANELA DE SUA CASA.

A CIDADE ONDE MORO

AS IMAGENS DESTA PÁGINA NÃO ESTÃO REPRESENTADAS EM PROPORÇÃO.

- O NOME DA CIDADE ONDE MORO É:

- MARQUE COM UM **X**:

NA CIDADE EM QUE MORO TEM...

LUIZ ROCHA/SHUTTERSTOCK/GLOW IMAGES

PRAIA

ABOIKIS/SHUTTERSTOCK/GLOW IMAGES

TEATRO

FILIPE FRAZAO/SHUTTERSTOCK/GLOW IMAGES

ESTÁDIO

GON4/SHUTTERSTOCK/GLOW IMAGES

ZOOLÓGICO

D13/SHUTTERSTOCK/GLOW IMAGES

CINEMA

RADU BERCAN/SHUTTERSTOCK/GLOW IMAGES

SHOPPING

- CONVERSE COM OS COLEGAS DE CLASSE SOBRE OS LUGARES A QUE VOCÊ COSTUMA IR.

SINAIS DE TRÂNSITO: É IMPORTANTE OBEDECER

- OBSERVE AS PLACAS DE SINALIZAÇÃO E OS CAMINHOS QUE OS MOTORISTAS ESTÃO PERCORRENDO.

FOTOS: BALL LUNLA/ SHUTTERSTOCK/GLOW IMAGES

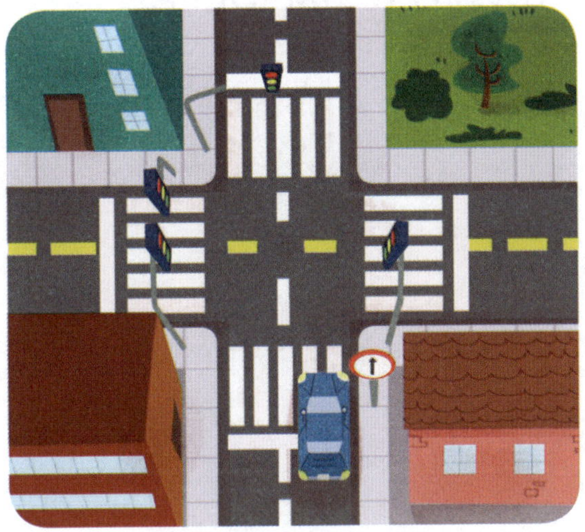

SIGA EM FRENTE

☐

VIRE À ESQUERDA

☐

VIRE À ESQUERDA

☐

- ASSINALE COM UM **X** A CENA EM QUE O MOTORISTA NÃO ESTÁ OBEDECENDO À SINALIZAÇÃO.

A NOVA CIDADE

- VOCÊ JÁ OUVIU FALAR NA GRITOLÂNDIA? ACOMPANHE A LEITURA DO PROFESSOR.

EXISTIU UMA CIDADE ONDE AS PESSOAS NÃO SABIAM CONVERSAR E FALAR.
GRITOLÂNDIA ERA O NOME DELA.
[...]

GRITOLÂNDIA, DE LÉIA CASSOL E RENATO VELHO. PORTO ALEGRE: CASSOL, 2013.

- AGORA, CONVERSE COM OS COLEGAS SOBRE ESSA CIDADE.
- DESENHE UMA CIDADE DIFERENTE DA GRITOLÂNDIA E ESCREVA O NOME DELA.

- COMO SERIA PASSAR UM DIA NA CIDADE QUE VOCÊ DESENHOU?

SUGESTÃO DE LIVRO

GRITOLÂNDIA, DE LÉIA CASSOL E RENATO VELHO. PORTO ALEGRE: CASSOL, 2013.

O QUE A BAHIA TEM?

- ACOMPANHE A LEITURA FEITA PELO PROFESSOR.

NA BAHIA TEM

NA BAHIA TEM – TEM, TEM, TEM
NA BAHIA TEM, Ô BAIANA, COCO DE VINTÉM
NA BAHIA TEM – TEM, TEM, TEM
NA BAHIA TEM, Ô BAIANA, COCO DE VINTÉM
NA BAHIA TEM, VOU MANDAR BUSCAR
LAMPIÃO DE VIDRO, Ô BAIANA, FERRO DE ENGOMAR
NA BAHIA TEM, VOU MANDAR BUSCAR
MÁQUINA DE COSTURA, Ô BAIANA, FOLE DE ASSOPRAR.

CANÇÃO POPULAR.

REPRODUÇÃO/<WWW.TNTARTE.COM.BR/>

BAIANA, DE IVAN MORAIS, 1964.

AS IMAGENS DESTA PÁGINA NÃO ESTÃO REPRESENTADAS EM PROPORÇÃO.

CESAR DINIZ/PULSAR IMAGENS

GILDO LIMA/ED. ABRIL

FABIO COLOMBINI/ARQUIVO DO FOTÓGRAFO

JUCA MARTINS/PULSAR IMAGENS

MARCO ANDRAS/GLOW IMAGES

- PROCURE A RESPOSTA NA LETRA DA CANÇÃO E COMPLETE:

A PESSOA QUE NASCE NA BAHIA É... ______

ONDE MORO?

- EU SOU BRASILEIRO. MORO EM...

BRASIL POLÍTICO. ADAPTADO DE: <HTTP://ATLASESCOLAR.IBGE.GOV.BR/IMAGES/ATLAS/MAPAS_BRASIL/BRASIL_POLITICO.PDF>. ACESSO EM: 5 JAN. 2017.

ONDE ESTÁ O MENINO?

- CANTE A CANÇÃO E DESCUBRA A RESPOSTA.

PEDRO RUBENS/ARQUIVO DA EDITORA

ORA BOLAS

OI OI OI
OLHA AQUELA BOLA
A BOLA PULA BEM NO PÉ,
NO PÉ DO MENINO.
QUEM É ESSE MENINO?
ESSE MENINO É MEU VIZINHO.
ONDE ELE MORA?
MORA LÁ NAQUELA CASA.
ONDE ESTÁ A CASA?
A CASA ESTÁ NA RUA.
ONDE ESTÁ A RUA?
ESTÁ DENTRO DA CIDADE.
ONDE ESTÁ A CIDADE?
ESTÁ DO LADO DA FLORESTA.
ONDE ESTÁ A FLORESTA?
A FLORESTA É NO BRASIL.
ONDE ESTÁ O BRASIL?
TÁ NA AMÉRICA DO SUL,
CONTINENTE AMERICANO,
CERCADO DE OCEANOS
NAS TERRAS MAIS DISTANTES
DE TODO O PLANETA.
E COMO É O PLANETA?
O PLANETA É UMA BOLA
QUE REBOLA LÁ NO CÉU.

10 ANOS (CD), DE PAULO TATIT E EDITH DERDYK, MCD, 2004.

- FAÇA UMA ● NA IMAGEM ACIMA PARA INDICAR A LOCALIZAÇÃO DO MENINO.

EU NO PLANETA TERRA

- COM A AJUDA DO PROFESSOR, FAÇA AS ATIVIDADES E SE LOCALIZE NO PLANETA TERRA.
- DESENHE O CÔMODO DE SUA CASA DE QUE VOCÊ MAIS GOSTA.
- ESCREVA O NOME DA CIDADE EM QUE VOCÊ MORA.
- AGORA, ESCREVA O NOME DO ESTADO EM QUE VOCÊ MORA.
- CONTORNE O BRASIL NA REPRESENTAÇÃO DO GLOBO TERRESTRE, ABAIXO.

PEDRO RUBENS/ARQUIVO DA EDITORA

ONDE MORAM?

- DESCUBRA ONDE MORAM JOÃO E YURI.

1. JOÃO E YURI MORAM NO QUARTEIRÃO DA PADARIA.
2. A CASA DE JOÃO É UM SOBRADO. TEM DUAS JANELAS COM FLOREIRAS.
3. AS JANELAS SÃO ARREDONDADAS EM CIMA.
4. YURI É VIZINHO DE JOÃO. MAS ELE NÃO MORA EM UMA CASA.

- CONTORNE A MORADIA DE JOÃO.
- FAÇA UM **X** NA MORADIA DE YURI.

PAÍSES E SUAS BANDEIRAS

- OBSERVE ALGUNS MONUMENTOS FAMOSOS E AS BANDEIRAS DE SEUS PAÍSES.

PIUS LEE/SHUTTERSTOCK/GLOW IMAGES

PIRÂMIDE DE QUÉOPS

SEAN PAVONE/SHUTTERSTOCK/GLOW IMAGES

ESTÁTUA DA LIBERDADE

PHOTOONLIFE/SHUTTERSTOCK/GLOW IMAGES

EGITO

3RUS/SHUTTERSTOCK/GLOW IMAGES

ESTADOS UNIDOS

- CONVERSE COM OS COLEGAS: EM QUE PAÍSES FICAM ESSES MONUMENTOS?
- PINTE QUAL DAS FORMAS ABAIXO ESSAS BANDEIRAS TÊM.

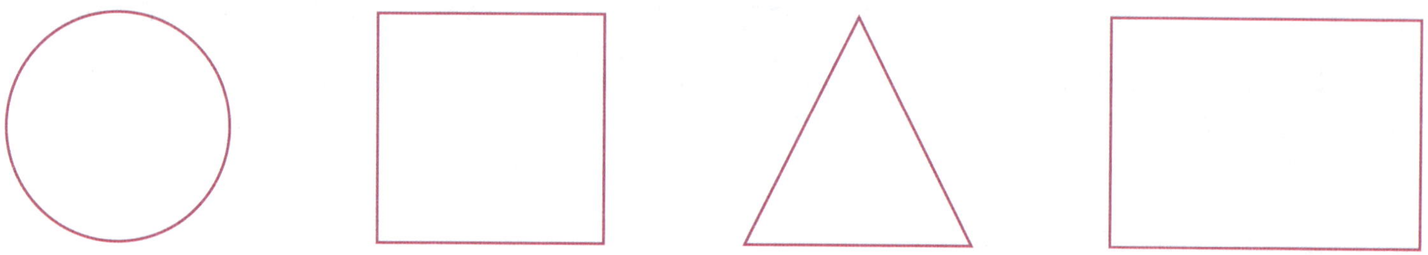

- QUE NOME TEM A FORMA QUE VOCÊ PINTOU?

MUITOS PAÍSES

O SER HUMANO NÃO SÓ MODIFICOU A PAISAGEM, COMO TAMBÉM CRIOU ESTÁTUAS E FEZ BELAS CONSTRUÇÕES...

- LIGUE O MONUMENTO AO NOME DO PAÍS E À SUA FORMA DE DIZER "BOM DIA!".

MARK SCHWETTMANN/SHUTTERSTOCK/GLOW IMAGES

S.BORISOV/SHUTTERSTOCK/GLOW IMAGES

VIACHESLAV LOPATIN/SHUTTERSTOCK/GLOW IMAGES

ITÁLIA
BUONGIORNO!

INGLATERRA
GOOD MORNING!

BRASIL
BOM DIA!

- ACOMPANHE A LEITURA FEITA PELO PROFESSOR.

> [...]
> NA ENCRUZILHADA TINHA UMA PORÇÃO DE SETAS:
> PAÍS DO É-COMO-VOCÊ-QUISER;
> PAÍS DO AINDA-NÃO-EXISTE;
> PAÍS DO PINTA-APARECE.
> [...]

AVENTURAS NO PAÍS DO PINTA-APARECE, DE JOEL RUFINO DOS SANTOS. 2. ED. RIO DE JANEIRO: JOSÉ OLYMPIO, 2007.

- VOCÊ E OS COLEGAS ESTÃO NESSA ENCRUZILHADA... PARA QUE PAÍS VOCÊS QUEREM IR?
- CRIEM UMA HISTÓRIA PARA CONTAR COMO VOCÊS IMAGINAM O PAÍS QUE ESCOLHERAM.

IR E VIR DE UM LUGAR PARA O OUTRO

OS MEIOS DE TRANSPORTE FORAM INVENTADOS PELO SER HUMANO PARA QUE ELE PUDESSE SE LOCOMOVER MAIS RAPIDAMENTE, SOZINHO OU COM MAIS PESSOAS.

- PESQUISE EM REVISTAS ALGUNS MEIOS DE TRANSPORTE TERRESTRES, AÉREOS E AQUÁTICOS. RECORTE AS IMAGENS E COLE-AS NOS QUADROS ABAIXO.

- MOSTRE SUA PESQUISA PARA OS COLEGAS DE CLASSE E, JUNTOS, CONVERSEM SOBRE AS CARACTERÍSTICAS DE CADA UM DOS TRANSPORTES ESCOLHIDOS.

MEIOS DE TRANSPORTE

MATERIAL DE APOIO

- DESTAQUE AS PEÇAS DA **PÁGINA 23** E MONTE DOIS MEIOS DE TRANSPORTE.

TRANSPORTE MAIS LENTO	TRANSPORTE MAIS RÁPIDO
B O N D _	M _ T R Ô

- COMPLETE O NOME DE CADA MEIO DE TRANSPORTE QUE VOCÊ COLOU.
- ESCREVA NO QUADRINHO AO LADO A LETRA QUE VOCÊ USOU PARA COMPLETAR AS DUAS PALAVRAS.

NO CAMPO

PARA SE DESLOCAR DE UM LUGAR A OUTRO OU REALIZAR ALGUNS TIPOS DE SERVIÇO, MUITOS MORADORES DO CAMPO COSTUMAM USAR ALGUNS MEIOS DE TRANSPORTE QUE NÃO SÃO COMUNS NA CIDADE.

- ASSINALE COM UM **X** OS MEIOS DE TRANSPORTE MAIS COMUNS NO CAMPO.

AS IMAGENS DESTA PÁGINA NÃO ESTÃO REPRESENTADAS EM PROPORÇÃO.

LAKY_981/SHUTTERSTOCK/GLOW IMAGES

EPG_EUROPHOTOGRAPHICS/SHUTTERSTOCK/GLOW IMAGES

ANNA JEDYNAK/SHUTTERSTOCK/GLOW IMAGES

SOBERKA RICHARD/HEMIS.FR/AGÊNCIA FRANCE-PRESSE

ART KONOVALOV/SHUTTERSTOCK/GLOW IMAGES

INSECTWORLD/SHUTTERSTOCK/GLOW IMAGES

MESMO SENTIDO E SENTIDO CONTRÁRIO

A TURMA DE YURI ESTÁ PARTICIPANDO DE UM PASSEIO DE BICICLETA. YURI, GABRIEL E JOÃO ESTÃO PEDALANDO NO MESMO SENTIDO. IARA E ISA ESTÃO PEDALANDO EM SENTIDO CONTRÁRIO AO DELES.

MATERIAL DE APOIO

- DESTAQUE AS FIGURAS DA **PÁGINA 25**.
- COLE LUCA EM SUA BICICLETA NO MESMO SENTIDO EM QUE ESTÃO AS BICICLETAS DE YURI, GABRIEL E JOÃO.
- COLE PEDRO EM SUA BICICLETA EM SENTIDO CONTRÁRIO AO DAS BICICLETAS DE YURI, GABRIEL E JOÃO.

NAS FÉRIAS VAMOS À ITÁLIA!

DURANTE AS FÉRIAS ESCOLARES, ISA E SEUS PAIS VÃO À ITÁLIA VISITAR OS AVÓS DELA.

PARA IR DO BRASIL À ITÁLIA É PRECISO ATRAVESSAR O OCEANO.

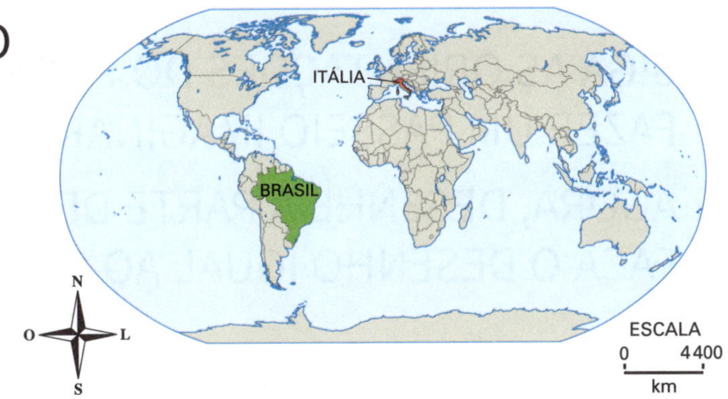

- CONTORNE OS MEIOS DE TRANSPORTE QUE ELES PODEM UTILIZAR NESSA VIAGEM.

AS IMAGENS DESTA PÁGINA NÃO ESTÃO REPRESENTADAS EM PROPORÇÃO.

ANDREY YURLOV/SHUTTERSTOCK/GLOW IMAGES

ART KONOVALOV/SHUTTERSTOCK/GLOW IMAGES

LEONID ANDRONOV/SHUTTERSTOCK/GLOW IMAGES

MAXIMCHUK/SHUTTERSTOCK/GLOW IMAGES

VAMOS FAZER UM PASSEIO?

- SIGA AS ORIENTAÇÕES DO PROFESSOR E BRINQUE COM OS COLEGAS. VOCÊS VÃO FAZER UM PASSEIO IMAGINÁRIO A UMA FAZENDA!
- AGORA, DESENHE A PARTE DE QUE VOCÊ MAIS GOSTOU DO PASSEIO. FAÇA O DESENHO IGUAL AO QUE VOCÊ IMAGINOU.

QUEM AJUDOU A FAZER?

VOCÊ JÁ PENSOU EM QUANTAS PESSOAS TRABALHARAM PARA CONSTRUIR O CRISTO REDENTOR NO RIO DE JANEIRO? E PARA REFORMÁ-LO?

AS IMAGENS DESTA PÁGINA NÃO ESTÃO REPRESENTADAS EM PROPORÇÃO.

PLÍNIO SALGADO/AGÊNCIA ESTADO

PLÍNIO SALGADO/AGÊNCIA ESTADO

MARK SCHWETTMANN/SHUTTERSTOCK/GLOW IMAGES

LEV KROPOTOV/SHUTTERSTOCK/GLOW IMAGES

- QUEM SÃO ESSES PROFISSIONAIS?
- COMO CADA UM DELES CONTRIBUIU PARA A CONSTRUÇÃO DO MONUMENTO?
- QUE OUTROS PROFISSIONAIS VOCÊ ACHA QUE TRABALHARAM NESSA OBRA?

OUTRAS PROFISSÕES

- OUÇA COM ATENÇÃO O QUE O PROFESSOR VAI LER.
- LOCALIZE O PROFISSIONAL E PINTE OS QUADRINHOS COM AS CORES CORRESPONDENTES.

DIVERSÃO

EDUCAÇÃO

LIMPEZA DA CIDADE

CONSERTO DE CARROS

ENTREGA DE CORRESPONDÊNCIAS

DMITRY KALINOVSKY/SHUTTERSTOCK/GLOW IMAGES

MECÂNICO

ALEXANDER RATHS/SHUTTERSTOCK/GLOW IMAGES

PALHAÇO

ALEXANDRE TOKITAKA/PULSAR IMAGENS

GARI

ALEXANDRE TOKITAKA/PULSAR IMAGENS

CARTEIRO

MONKEY BUSINESS IMAGES/SHUTTERSTOCK/GLOW IMAGES

PROFESSOR

O QUE ELES FAZEM?

- VOCÊ CONHECE ESTA CANTIGA? BRINQUE DE IMITAR AS PROFISSÕES.

PASSA, PASSA GAVIÃO

TODO MUNDO PASSA
PASSA, PASSA GAVIÃO
TODO MUNDO PASSA
AS LAVADEIRAS
FAZEM ASSIM
ASSIM, ASSIM
ASSIM, ASSIM.
[...]

PASSA, PASSA GAVIÃO
TODO MUNDO PASSA
PASSA, PASSA GAVIÃO
TODO MUNDO PASSA
AS COZINHEIRAS
FAZEM ASSIM
ASSIM, ASSADO
CARNE SECA COM
ENSOPADO.

VILLA-LOBOS & OS BRINQUEDOS DE RODA (CD), GRUPO DE PERCUSSÃO DA UFMG E CORAL INFANTIL DA FUNDAÇÃO CLÓVIS SALGADO, MCD, 2004.

- OBSERVE AS PALAVRAS NO QUADRO ABAIXO. O QUE FAZEM ESSES PROFISSIONAIS?
- PINTE AS LETRAS REPETIDAS NOS PARES DE PALAVRAS.

PROFISSÃO	O QUE FAZ
LAVADEIRA	LAVA
COZINHEIRA	COZINHA

COM QUE LETRA?

- ACOMPANHE A LEITURA E PINTE AS LETRAS **P** QUE APARECEM NO TRAVA-LÍNGUA.

O PINTOR PORTUGUÊS

PAULO PEREIRA PINTO PEIXOTO,
POBRE PINTOR PORTUGUÊS,
PINTA PERFEITAMENTE
PORTAS, PAREDES E PIAS,
POR PARCO PREÇO, PATRÃO.

TRAVA-LÍNGUA POPULAR.

- RECORTE DE REVISTAS E COLE FIGURAS QUE REPRESENTAM OUTRAS PROFISSÕES. MAS, ATENÇÃO, SÓ AS QUE SE INICIAM COM A LETRA **P**.

QUAL É A LETRA DIFERENTE?

- ACOMPANHE A LEITURA DO POEMA E TENTE REPETIR COM O PROFESSOR.

A TINTA

PINTA, PINTA, PINTA!
PINTA DE AZUL A TINTA.
PINTA, PINTA, PINTA!
PINTA O PINTO,
PINTA O PONTO,
PINTA A PINTA!
PINTO A TINTA,
PINTA A PINTA!
PINTO TAMBÉM PINTA.

PINTA, PINTO!
PINTA O GALO!
PINTA ENTÃO A TINTA.
PINTA O PÉ,
PINTA O CABELO,
PINTA A PONTA,
PINTO A PINTA.
PINTA O PONTO
COM A TINTA.

A TINTA, DE KAREN ACIOLY.
RIO DE JANEIRO: ROCCO, 2009.

- OBSERVE AS PALAVRAS ESCRITAS NOS QUADROS ABAIXO.

P	I	N	T	A
T	I	N	T	A

P	I	N	T	O
P	O	N	T	O

- QUAIS SÃO AS LETRAS DIFERENTES EM CADA DUPLA DE PALAVRAS? PINTE-AS.
- ENCONTRE E CONTORNE ESSAS PALAVRAS NO POEMA.

O QUE VOCÊ QUER SER QUANDO CRESCER?

- VOCÊ JÁ PENSOU SOBRE A PROFISSÃO QUE DESEJA TER?
- FAÇA DESENHOS OU RECORTE E COLE FIGURAS DOS OBJETOS QUE VOCÊ TERIA DE USAR EM SUA PROFISSÃO.

- DEIXE QUE SEUS COLEGAS DESCUBRAM QUE PROFISSÃO É ESSA.
- COM A AJUDA DO PROFESSOR, ESCREVA O NOME DOS OBJETOS QUE REPRESENTOU.

NO MUNDO EM QUE VIVEMOS TEMOS... ESCOLAS!

- ACOMPANHE A LEITURA DO PROFESSOR.

UM DIA MAMÃE ME DISSE:
— SEGUNDA-FEIRA VOCÊ VAI PRA ESCOLA.
— ESCOLA? NÃO GOSTO.
— MAS... BIBI, VOCÊ NEM SABE COMO É.
[...]

BIBI VAI PARA A ESCOLA, DE ALEJANDRO ROSAS. SÃO PAULO: SCIPIONE, 2012. (PRIMEIRAS DECISÕES).

- CONTORNE NO TEXTO A PALAVRA **ESCOLA** TODAS AS VEZES QUE ELA APARECE.
- ESCREVA AS PALAVRAS QUE FALTAM PARA COMPLETAR A FRASE:

________________ VAI PARA A ________________.

- EM UMA FOLHA À PARTE, FAÇA UM DESENHO QUE REPRESENTE A ESCOLA.

SUGESTÕES DE LIVROS

BIBI VAI PARA A ESCOLA, DE ALEJANDRO ROSAS. SÃO PAULO: SCIPIONE, 2012. (PRIMEIRAS DECISÕES).

QUEM ME DERA, DE ANA MARIA MACHADO. SÃO PAULO: ÁTICA, 2013.

COMO VOCÊ VAI À ESCOLA?

NA CLASSE DE JOÃO ALGUNS ALUNOS VÃO A PÉ, OUTROS VÃO DE CARRO E OUTROS VÃO DE TRANSPORTE ESCOLAR.
O GRÁFICO INDICA QUANTOS UTILIZAM CADA MANEIRA.

- PINTE O QUADRINHO QUE MOSTRA A QUANTIDADE DE ALUNOS:

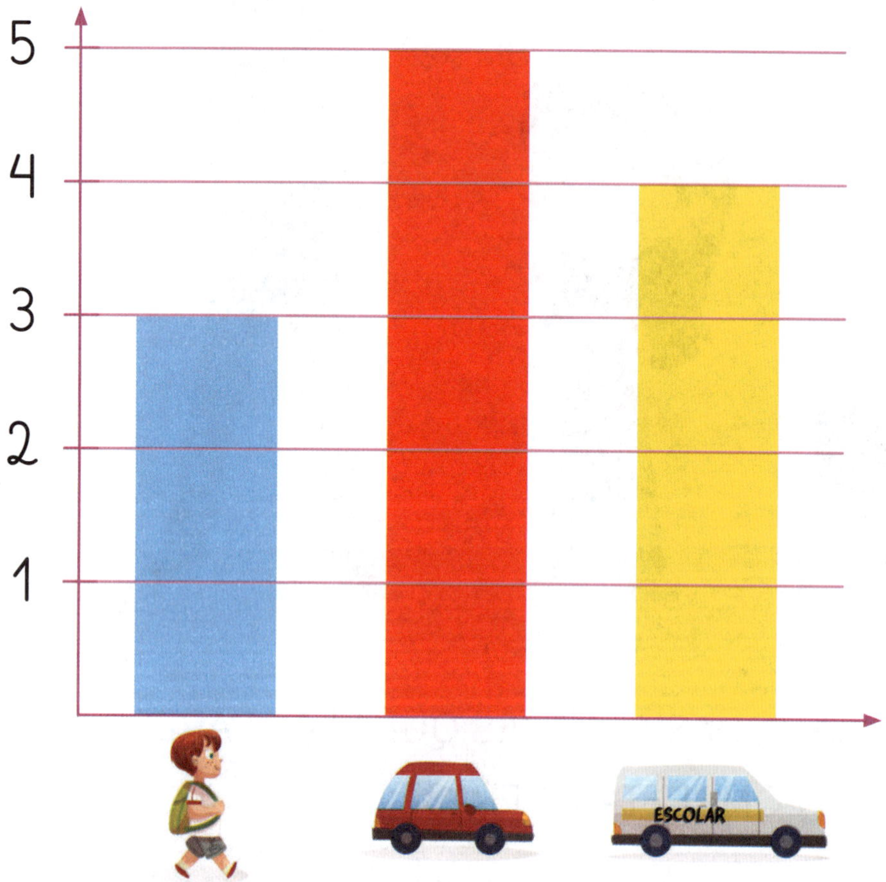

QUE VÃO  .

3 4 5

QUE VÃO DE  .

3 4 5

QUE VÃO DE  .

3 4 5

- E VOCÊ, COMO VAI À ESCOLA? CONTORNE OU DESENHE PARA INDICAR.

A ESCOLA EM FESTA

NESTA SEMANA COMEMORAMOS O DIA DA ESCOLA EM QUE ESTUDAMOS COM MUITOS BRINQUEDOS E BRINCADEIRAS.

- OBSERVE QUANTAS CRIANÇAS ESTÃO EM CADA BRINCADEIRA E COMPLETE A TABELA.

BRINCADEIRAS	IIIIIIIII	1, 2...
AMARELINHA		
PULAR CORDA		
QUEIMADA		
PIÃO		
PETECA		
RODA		

ESSAS CRIANÇAS PREFEREM JOGAR DADOS

- DESCUBRA O QUE ACONTECEU EM CADA SITUAÇÃO.

- FAÇA UM **X** NO NOME DE QUEM GANHOU.

ISA YURI

- PINTE O NOME DO VENCEDOR.

NINA YURI

- CONTORNE O NOME DE QUEM PERDEU.

NINA JOÃO

- O QUE ACONTECEU NESTA JOGADA?

ISA JOÃO

VAMOS DESCOBRIR QUEM GANHOU O JOGO?

DESTA VEZ AS CRIANÇAS JOGARAM DOIS DADOS CADA UMA.

- ESCREVA O NÚMERO TOTAL DE PONTOS QUE CADA UMA OBTEVE.

YURI

EM UM DADO: ☐ PONTOS

NO OUTRO DADO: ☐ PONTOS

TOTAL: ☐ PONTOS

ISA

EM UM DADO: ☐ PONTOS

NO OUTRO DADO: ☐ PONTOS

TOTAL: ☐ PONTOS

- GANHOU O JOGO A CRIANÇA QUE OBTEVE MAIS PONTOS. ESCREVA O NOME DE QUEM VENCEU: ☐

DIA DO BRINQUEDO

- OUÇA AS DICAS DAS CRIANÇAS E DESCUBRA QUAL É O BRINQUEDO FAVORITO DE CADA UMA DELAS.
- DEPOIS, LIGUE CADA CRIANÇA AO SEU BRINQUEDO.

BOLA

BAMBOLÊ

BONECA

PATINS

- PINTE O NOME DOS BRINQUEDOS QUE SE INICIAM COM A MESMA LETRA.
- USANDO O ALFABETO MÓVEL, ESCREVA O NOME DE OUTROS BRINQUEDOS.

IARA E PEDRO PREFEREM FAZER DESENHOS

IARA DESENHOU UMA FLOR.

- COLOQUE 1, 2, 3 E 4 NOS QUADRINHOS, DE ACORDO COM A ORDEM EM QUE FOI FEITO O DESENHO.

- PEDRO DESENHOU UM AVIÃO. FAÇA O MESMO QUE NA SITUAÇÃO AO LADO.

PREÇOS DOS BRINQUEDOS

YURI E OS COLEGAS FORAM À LOJA DE BRINQUEDOS PESQUISAR PREÇOS.

- VEJA O RESULTADO DA PESQUISA DELES.

- COMPLETE ESTE GRÁFICO. PINTE UM QUADRINHO PARA CADA REAL E ESCREVA OS NÚMEROS QUE ESTÃO FALTANDO.

- FAÇA UM **X** NO BRINQUEDO MAIS CARO.
- CONTORNE O BRINQUEDO MAIS BARATO.

DESAFIO

NUNO, LUCA E NINA RECEBERAM UM DESAFIO DA PROFESSORA: COLAR EM UMA TABELA AS FIGURAS DE UMA PIPA, UM PIÃO E UMA BONECA DE MODO QUE APAREÇAM EM TODAS AS LINHAS E COLUNAS.

- DESCUBRA QUAIS ALUNOS ACERTARAM O DESAFIO E PINTE O NOME DELES.
- AGORA, ESCREVA SEU NOME NA ÚLTIMA TABELA E DEPOIS DESTAQUE AS FIGURAS DA **PÁGINA 25** E COLE-AS NOS LOCAIS CORRETOS.

MATERIAL DE APOIO

CAÇA AO TESOURO

JOÃO E YURI DECIDIRAM BRINCAR DE CAÇA AO TESOURO.

- DESCUBRA O CÓDIGO ANALISANDO O TRECHO QUE JOÃO JÁ PERCORREU:

→	↓	→	↑
1	2	3	1

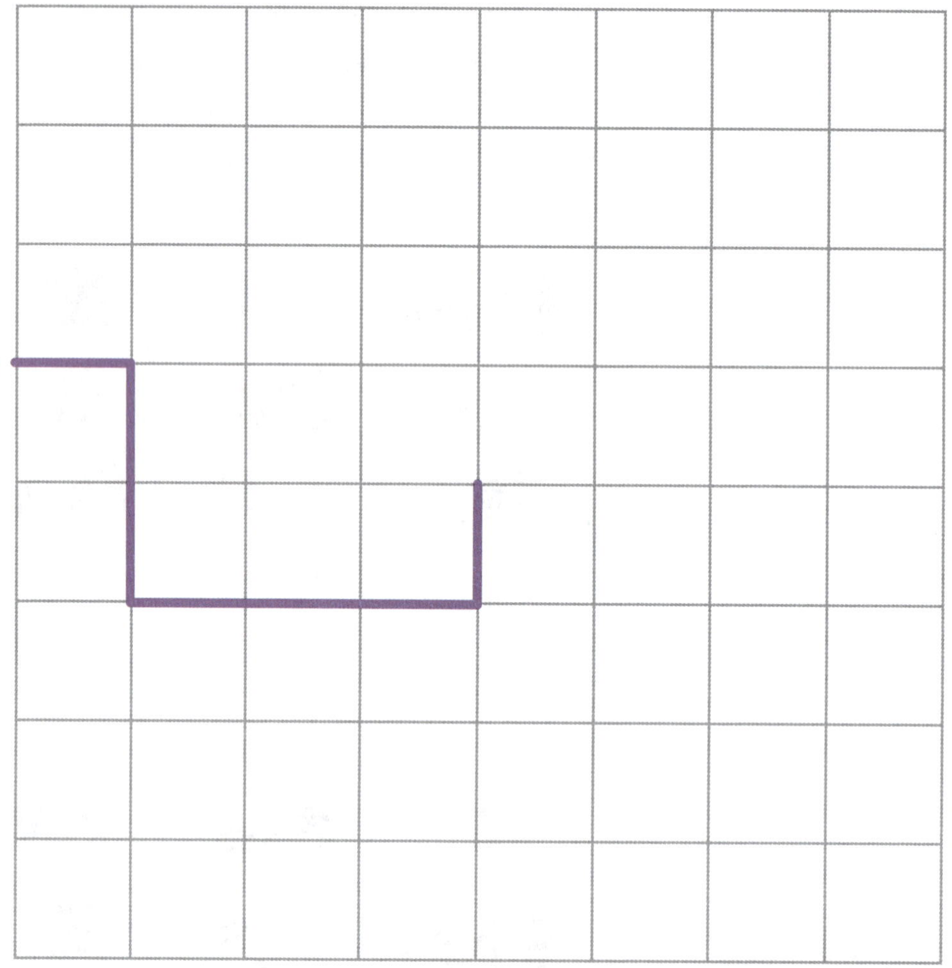

- TRACE O RESTANTE DO PERCURSO PARA LEVAR JOÃO AO TESOURO:

→	↓	→	↓
2	1	1	3

- AGORA, CANTE A CANÇÃO QUE JOÃO E YURI CANTARAM ENQUANTO BRINCAVAM. DEPOIS, PINTE AS PALAVRAS QUE RIMAM. ESCREVA-AS NOS QUADROS ABAIXO.

EU SOU O PIRATA
DA PERNA DE PAU
DO OLHO DE VIDRO
DA CARA DE MAU!

CANTIGA POPULAR.

O QUE VEM ANTES? O QUE VEM DEPOIS?

PEDRO E MARIANA ESTÃO FAZENDO A TAREFA DE CASA. VAMOS AJUDÁ-LOS?

- ESCREVA OS NÚMEROS QUE FALTAM E CONTINUE PINTANDO CORRETAMENTE OS QUADRINHOS.

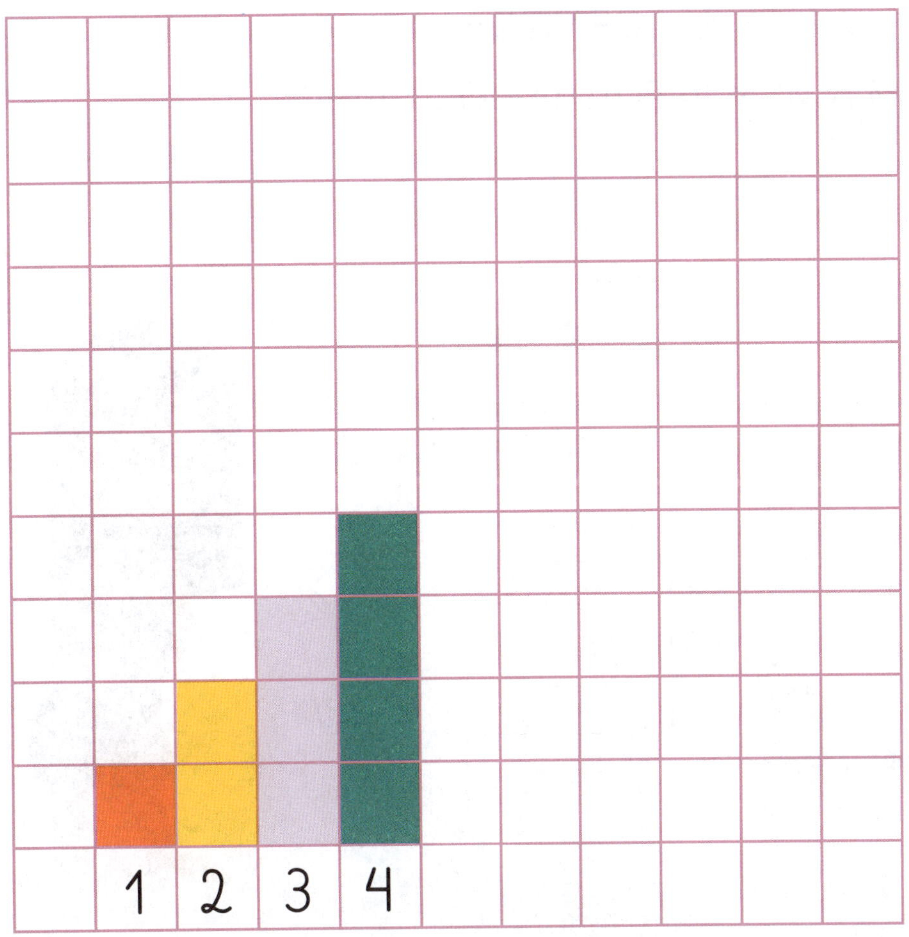

- RESPONDA ÀS PERGUNTAS E COMPLETE O QUADRO.

1	2	3
	6	
	4	
	7	
	5	
	8	
	1	

VAMOS PINTAR?

ISA E IARA GOSTAM MUITO DE PINTAR. VAMOS PINTAR TAMBÉM?

- PINTE DE [azul] AS FIGURAS QUE TÊM A MESMA FORMA DA CAIXA.
- PINTE DE [amarelo] AS FIGURAS QUE TÊM A MESMA FORMA DO DADO.
- PINTE DE [verde] AS FIGURAS QUE TÊM A MESMA FORMA DA LATA.
- PINTE DE [laranja] AS FIGURAS QUE TÊM A MESMA FORMA DO CHAPÉU DE PALHAÇO.

- QUANTAS  HÁ NO ROBÔ? ☐
- QUANTOS  HÁ NO ROBÔ? ☐
- QUANTAS  HÁ NO ROBÔ? ☐
- QUANTOS  HÁ NO ROBÔ? ☐

LIVRO, UMA GRANDE INVENÇÃO!

- ACOMPANHE A LEITURA DO TRECHO DA CANÇÃO.

LINHAS E LETRINHAS

[...]

TEM LIVRO QUE É BEM GROSSO
TEM LIVRO QUE É DE BOLSO
TEM LIVRO QUE É CURIOSO
FAZ BEM PRA MIM
TEM LIVRO DE RELATO
TEM LIVRO QUE É UM BARATO
MONTEIRO LOBATO
É BEM ASSIM.

ATÉ PRA TIRAR SONECA É GOSTOSO DE LER
BASTA ENTRAR NA BIBLIOTECA E ESCOLHER
SE NO LIVRO, TEM AS LINHAS
E NAS LINHAS, AS LETRINHAS
PRA LER.

VEM DANÇAR COM A GENTE (DVD), DE PALAVRA CANTADA. MCD, 2011.

- ESCOLHA UM LIVRO QUE VOCÊ QUEIRA COMPARTILHAR COM OS COLEGAS. ESCREVA NO QUADRO O NOME DO LIVRO.

SUGESTÕES DE LIVROS

REPRODUÇÃO/EDITORA ÁTICA

CHINELINHO: UMA HISTÓRIA SEM PAR, DE CAROLINA MICHELINI E MICHELE IACOCCA. SÃO PAULO: ÁTICA, 2011.

REPRODUÇÃO/COMPANHIA DAS LETRINHAS

TELEFONE SEM FIO, DE ILAN BRENMAN. SÃO PAULO: COMPANHIA DAS LETRINHAS, 2015.

REPRODUÇÃO/ABACATTE EDITORIAL

CABELINHO VERMELHO E O LOBO BOBO, DE SILVANA DE MENEZES. BELO HORIZONTE: ABACATTE EDITORIAL, 2011.

MATERIAL DE APOIO

NESTA UNIDADE CONVERSAMOS SOBRE ALGUMAS DAS GRANDES INVENÇÕES DO SER HUMANO: A RODA, AS MORADIAS, OS MEIOS DE TRANSPORTE, A ESCOLA.

- DESTAQUE AS PEÇAS DA **PÁGINA 27**, MONTE O QUEBRA-CABEÇA E VOCÊ DESCOBRIRÁ OUTRAS INVENÇÕES.

UNIDADE 3

NO PLANETA TERRA TEMOS...

PESSOAS, ANIMAIS, PLANTAS!

- CONVERSE COM OS COLEGAS DE CLASSE A RESPEITO DAS PESSOAS, DOS ANIMAIS E DAS PLANTAS.

- PINTE OS RETÂNGULOS PARA COMPLETAR A TABELA.

	PESSOAS	ANIMAIS	PLANTAS
TÊM NOME			
RESPIRAM			
ALIMENTAM-SE			
REPRODUZEM-SE			
PODEM VIVER MUITO TEMPO			
TÊM TAMANHOS DIFERENTES			
DORMEM			
SENTEM CALOR			
FALAM			

MUITA ATENÇÃO!

- ACOMPANHE A LEITURA DA LETRA DA CANÇÃO.

O MUNDO DE HERANÇA

ONDE ESTÁ O MUNDO
QUE VOCÊ SONHOU PRA MIM?
UM MUNDO DE PAISAGENS,
DE ÁGUAS TRANSPARENTES,
DE ANIMAIS CONTENTES
VIVENDO EM HARMONIA.

COM FLORES, AR PURO,
NUM LINDO AMANHECER!
POR QUE VOCÊ DEIXOU
O MUNDO DESAPARECER?

FUMAÇA, BARULHO,
DESTRUIÇÃO SEM FIM.
FAÇA AQUELE MUNDO
PRA VOCÊ E PARA MIM!

CANTEIRO: MÚSICAS PARA BRINCAR, DE MARGARETH DAREZZO. SÃO PAULO: ÁTICA, 2011.

- COMPLETE A CRUZADINHA COM AS PALAVRAS DO QUADRO.

ÁGUAS ANIMAIS
FLORES AR

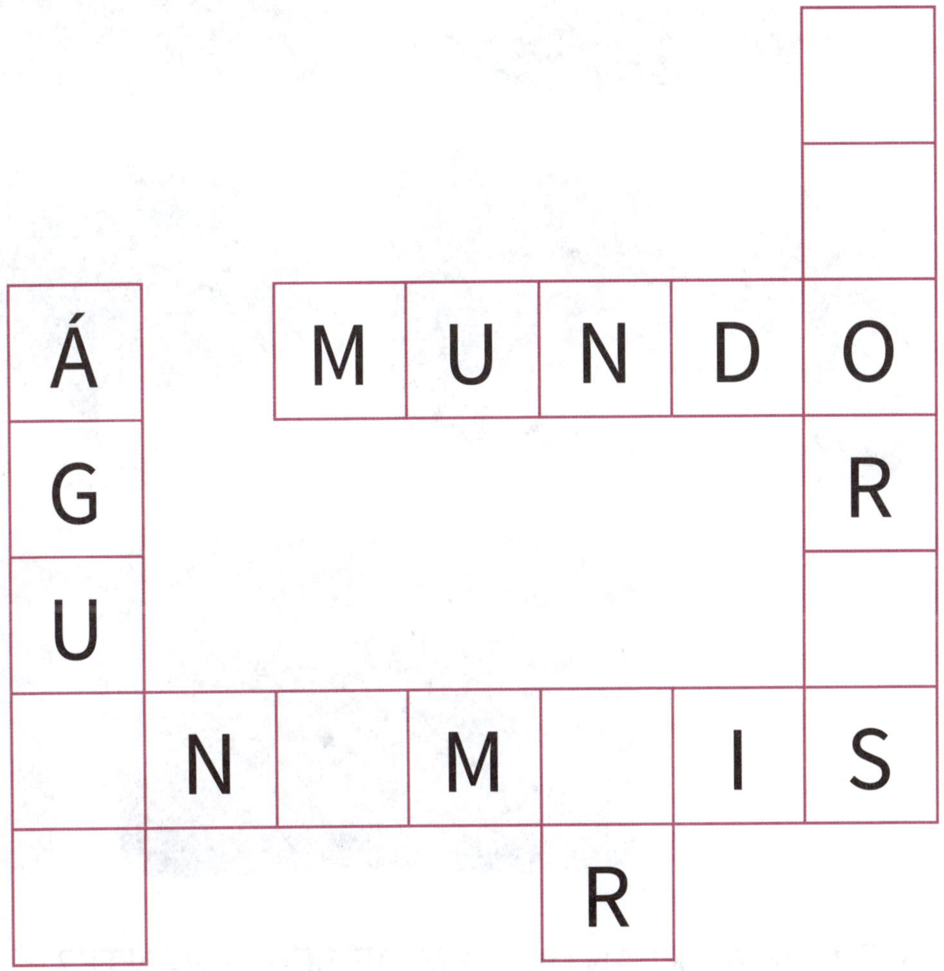

PLANTAS DE MUITAS FORMAS, CORES E SABORES...

- OBSERVE AS FOTOS, CONVERSE COM SEUS COLEGAS E RESPONDA:

AS IMAGENS DESTA PÁGINA NÃO ESTÃO REPRESENTADAS EM PROPORÇÃO.

IMLADRIS/SHUTTERSTOCK/GLOW IMAGES

OMISTUDIO/SHUTTERSTOCK/GLOW IMAGES

MIKE BRAKE/SHUTTERSTOCK/GLOW IMAGES

IAKOV KALININ/SHUTTERSTOCK/GLOW IMAGES

KOSAM/SHUTTERSTOCK/GLOW IMAGES

FABIO COLOMBINI/ACERVO DO FOTÓGRAFO

KOSAM/SHUTTERSTOCK/GLOW IMAGES

TURBOJET/SHUTTERSTOCK/GLOW IMAGES

- O QUE AS PLANTAS TÊM DE SEMELHANTE?
- EM QUE ELAS SÃO DIFERENTES?

AS FRUTAS

ALGUMAS PLANTAS PRODUZEM FRUTOS QUE PODEMOS COMER.
AS FRUTAS DEVEM FAZER PARTE DA NOSSA ALIMENTAÇÃO.
ELAS FORNECEM VITAMINAS IMPORTANTES PARA O NOSSO ORGANISMO.

- VOCÊ CONHECE TODAS AS FRUTAS QUE APARECEM ABAIXO? SABE O NOME DELAS?

AS IMAGENS DESTA PÁGINA NÃO ESTÃO REPRESENTADAS EM PROPORÇÃO.

VACLAV VOLRAB/SHUTTERSTOCK/GLOW IMAGES
BENNYARTIST/SHUTTERSTOCK/GLOW IMAGES
ARKA38/SHUTTERSTOCK/GLOW IMAGES
JBK/SHUTTERSTOCK/GLOW IMAGES
SUNSETMAN/SHUTTERSTOCK/GLOW IMAGES
R. GINO SANTA MARIA/SHUTTERSTOCK/GLOW IMAGES
BENNYARTIST/SHUTTERSTOCK/GLOW IMAGES
IAN 2010/PULSAR IMAGENS
TEERAPUN/SHUTTERSTOCK/GLOW IMAGES
RIBEIROANTONIO/SHUTTERSTOCK/GLOW IMAGES
EDUARDO ROCHA/SHUTTERSTOCK/GLOW IMAGES
MANOEL NOVAES/PULSAR IMAGENS
MAURICIO SIMONETTI/PULSAR IMAGENS
FABIO COLOMBINI
VINICIUS TUPINAMBA/SHUTTERSTOCK/GLOW IMAGES
MAKS NARODENKO/SHUTTERSTOCK/GLOW IMAGES
AFRICA STUDIO/SHUTTERSTOCK/GLOW IMAGES
MAKS NARODENKO/SHUTTERSTOCK/GLOW IMAGES

- CONTORNE DE [vermelho] UMA FRUTA QUE VOCÊ NUNCA EXPERIMENTOU.
- CONTORNE DE [azul] AQUELA DE QUE VOCÊ MAIS GOSTA.
- HÁ ALGUMA FRUTA QUE VOCÊ NÃO CONHECE? COLOQUE UMA ● NELA.

AS FRUTAS DA REGIÃO ONDE MORO

- FAÇA UMA PESQUISA PARA DESCOBRIR O NOME, A COR, A FORMA E O GOSTO DE ALGUMAS FRUTAS TÍPICAS DA REGIÃO ONDE VOCÊ MORA.
- DESENHE UMA DAS FRUTAS QUE VOCÊ CONHECEU EM SUA PESQUISA.

- COM A AJUDA DE UM ADULTO, ESCREVA O NOME DA FRUTA ABAIXO DE SEU DESENHO E APRESENTE-A AOS COLEGAS DE CLASSE.

COMO PODEMOS CONSUMIR AS FRUTAS?

MATERIAL DE APOIO

- DESTAQUE AS IMAGENS COM FRUTAS DA **PÁGINA 29** E DECIDA ONDE COLAR.

COM DUAS DELAS VOCÊ PODE FAZER SALADA DE FRUTAS.

COM DUAS DELAS VOCÊ PODE FAZER SUCO.

COM ESTAS VOCÊ PODE FAZER GELEIA.

ESCOLHA DUAS QUE VOCÊ PODE DESCASCAR E COMER.

PLANTAR, CULTIVAR, COLHER

APRENDENDO A PLANTAR

FOFAR A TERRA DO CANTEIRO
MISTURAR O ESTERCO JÁ CURTIDO
SEMEAR NO TEMPO CERTO.
REGAR AO FIM DAS TARDES
DORMIR LUAS
DESPERTAR MANHÃS.
UM DIA ELA APARECE DESAJEITADA
SEM FORÇAS AINDA PRA EMPURRAR A TERRA.
[...]

QUARTO DE COSTURA, DE WANIA AMARANTE. BELO HORIZONTE: MIGUILIM, 1991.

MATERIAL DE APOIO

- DESTAQUE AS CENAS DA **PÁGINA 31** E COLE-AS NOS QUADROS CORRESPONDENTES.
- O QUE VOCÊ ACHA QUE ACONTECE NO ÚLTIMO QUADRO? DESENHE.

FOFAR	SEMEAR	REGAR	BROTAR

QUE PLANTAÇÃO DIFERENTE!

TATIANA BELINKY, AUTORA DO LIVRO **QUE HORTA!**, TEVE UMA IDEIA CRIATIVA.

- OBSERVE AS FRUTAS E OS NOMES E DESCUBRA A BRINCADEIRA.

AS IMAGENS DESTA PÁGINA NÃO ESTÃO REPRESENTADAS EM PROPORÇÃO.

SPRUT2005/SHUTTERSTOCK

BANANA

DAVYDENKO YULIIA/SHUTTERSTOCK

ABACAXI

→ BANACAXI

VIKTAR MALYSHCHYTS/SHUTTERSTOCK

MELÃO

MATIN/SHUTTERSTOCK

CAQUI

→ MELAQUI

ATIVIDADE FEITA COM BASE EM: **QUE HORTA!**, DE TATIANA BELINKY. SÃO PAULO: PAULUS, 1997.

- PINTE, EM CADA NOME, AS LETRAS QUE FORAM USADAS PARA FORMAR AS NOVAS PALAVRAS.
- COMO VOCÊ ACHA QUE SERIAM ESSAS FRUTAS? DESENHE-AS NOS QUADROS.

SUGESTÃO DE LIVRO

REPRODUÇÃO/EDITORA PAULUS

QUE HORTA!, DE TATIANA BELINKY. SÃO PAULO: PAULUS, 1997.

É HORA DO SUCO. QUE DELÍCIA!

NO VERÃO, NADA MELHOR DO QUE TOMAR SUCOS NATURAIS.

A MÃE DE GABRIEL FEZ SUCO DE MELANCIA.
A MÃE DE YURI FEZ SUCO DE MARACUJÁ.

- ENTRE ESSES DOIS SABORES, DE QUAL VOCÊ GOSTA MAIS?
- OBSERVE OS COPOS E LIGUE:

OS DOIS QUE ESTÃO CHEIOS.

OS DOIS QUE ESTÃO VAZIOS.

OS DOIS QUE ESTÃO COM SUCO PELA METADE.

- AGORA, PINTE OS COPOS ABAIXO DE ACORDO COM O QUE É PEDIDO: O PRIMEIRO CHEIO, O SEGUNDO VAZIO E O TERCEIRO COM SUCO PELA METADE.

QUAL É O NOME?

* PINTE O QUADRO COM O NOME DE CADA FRUTA.

AS IMAGENS DESTA PÁGINA NÃO ESTÃO REPRESENTADAS EM PROPORÇÃO.

NFOGRAFICK/SHUTTERSTOCK/GLOW IMAGES

DELFIM MARTINS/PULSAR IMAGENS

MILEUS/SHUTTERSTOCK/GLOW IMAGES

JABUTICABA	LIMÃO	LIMÃO
LIMÃO	MAÇÃ	MAÇÃ
MAÇÃ	LARANJA	JABUTICABA

NO POMAR

AS IMAGENS DESTA PÁGINA NÃO ESTÃO REPRESENTADAS EM PROPORÇÃO.

- VAMOS CANTAR E APRENDER O NOME DAS ÁRVORES E DE SEUS FRUTOS?

POMAR

BANANA BANANEIRA
GOIABA GOIABEIRA
LARANJA LARANJEIRA
MAÇÃ MACIEIRA
MAMÃO MAMOEIRO
ABACATE ABACATEIRO
[...]

CANÇÕES DE BRINCAR (CD), DE PALAVRA CANTADA. MCD, 1996.

VICTOR TORRES/ SHUTTERSTOCK/ GLOW IMAGES

MAÇÃ

AND INC/SHUTTERSTOCK/GLOW IMAGES

WINSTON LINK/ SHUTTERSTOCK/ GLOW IMAGES

GOIABA

MAZZZUR/SHUTTERSTOCK/GLOW IMAGES

BENNYARTIST/ SHUTTERSTOCK/GLOW IMAGES

BANANA

JACKISO/SHUTTERSTOCK/GLOW IMAGES

LIM YONG HIAN/ SHUTTERSTOCK/ GLOW IMAGES

MAMÃO

IMAGE DJ/ALAMY/OTHER IMAGES

- PINTE NA LETRA DA CANÇÃO O NOME DAS FRUTAS DAS FOTOGRAFIAS.

UM DESAFIO: EM QUAL CABE MAIS?

- OBSERVE A ILUSTRAÇÃO DE DOIS CANTEIROS DO JARDIM DA CASA DE ISA. ELES SERÃO COBERTOS COM PLACAS DE GRAMA COMO ESTA AO LADO.

- FAÇA UMA ESTIMATIVA E ASSINALE COM UM **X** QUAL VOCÊ ACHA QUE VAI PRECISAR DE MAIS PLACAS.

MATERIAL DE APOIO

- DESTAQUE AS PLACAS DA **PÁGINA 31** E CUBRA OS DOIS CANTEIROS.

BANCO DE IMAGENS/ARQUIVO DA EDITORA

- COMPLETE OS QUADRINHOS ABAIXO COM NÚMEROS E VERIFIQUE SE VOCÊ ACERTOU A ESTIMATIVA.

NO PRIMEIRO CANTEIRO FORAM USADAS ☐ PLACAS DE GRAMA.

NO SEGUNDO CANTEIRO FORAM USADAS ☐ PLACAS DE GRAMA.

QUEM DESCOBRE AS RIMAS?

- OUÇA O POEMA COM ATENÇÃO.

A SEMANA INTEIRA

A SEGUNDA FOI À FEIRA,
PRECISAVA DE FEIJÃO;
A TERÇA FOI À FEIRA,
PRA COMPRAR UM PIMENTÃO;
A QUARTA FOI À FEIRA,
PRA BUSCAR QUIABO E PÃO;
A QUINTA FOI À FEIRA,
POIS GOSTAVA DE AGRIÃO;
A SEXTA FOI À FEIRA,
TEM BANANA? TEM MAMÃO?

SÁBADO NÃO TEM FEIRA
E DOMINGO TAMBÉM NÃO.

111 POEMAS PARA CRIANÇAS, DE SÉRGIO CAPPARELLI. PORTO ALEGRE: L&PM, 2012.

- PINTE NO POEMA AS PALAVRAS QUE RIMAM.
- ESCREVA AS PALAVRAS DO POEMA QUE SÃO NOMES DE FRUTAS, VERDURAS E LEGUMES E QUE RIMAM COM **FEIJÃO**.

PLANTAS QUE ACALMAM

- ACOMPANHE A LEITURA DO POEMA COM ATENÇÃO.

CAMOMILA

MUITA CALMA,
MINHA CAMILA
BEBE ESTE CHÁ
DE CAMOMILA
VOCÊ VAI FICAR
BEM CALMOMILA.

POESIA DE BICICLETA, DE SÉRGIO CAPPARELLI. PORTO ALEGRE: L&PM, 2009.

D7INAMI7S/SHUTTERSTOCK

- PINTE NO POEMA AS PALAVRAS QUE COMEÇAM COM **CA**.
- ESCREVA ESSAS PALAVRAS NOS QUADROS.

- VOCÊ JÁ IMAGINOU SE EXISTISSEM ÁRVORES QUE REALIZASSEM NOSSOS DESEJOS? QUAL SERIA O SEU?
- DESENHE SEU DESEJO NA FOLHA E ESCREVA O NOME DELE.

SÃO TODOS ANIMAIS...

- CONVERSE SOBRE OS ANIMAIS QUE APARECEM NA TABELA E MARQUE COM UM **X** AS CARACTERÍSTICAS PRÓPRIAS DE CADA UM DELES.

AS IMAGENS DESTA PÁGINA NÃO ESTÃO REPRESENTADAS EM PROPORÇÃO.

	ERIC ISSELEE/SHUTTERSTOCK/ GLOW IMAGES 	ERIC ISSELEE/SHUTTERSTOCK/ GLOW IMAGES 	NEJRON PHOTO/SHUTTERSTOCK/ GLOW IMAGES 	OBJECTSFORALL/SHUTTERSTOCK/ GLOW IMAGES 	PRAISAENG/SHUTTERSTOCK/ GLOW IMAGES 	ERIC ISSELEE/SHUTTERSTOCK/ GLOW IMAGES 
ASAS						
RABO						
PENAS						
PELOS						
PELE SEM PELOS						
4 PATAS						
2 PATAS						
SEM PATAS						
BICO						

QUAL É O ANIMAL?

MATERIAL DE APOIO

- FAÇA PERGUNTAS PARA ADIVINHAR QUAL É O ANIMAL (POR EXEMPLO: TEM PELOS? TEM 4 PATAS? TEM BICO?).
- DEPOIS, DESTAQUE AS PEÇAS DA **PÁGINA 33**, MONTE O QUEBRA-CABEÇA E VEJA SE ACERTOU.

KONRAD WOTHE/MINDEN PICTURES/LATINSTOCK

COMO OS ANIMAIS SE LOCOMOVEM?

MATERIAL DE APOIO

- DESTAQUE AS IMAGENS DA **PÁGINA 35** E COLE OS ANIMAIS NOS QUADROS CORRETOS.

AS IMAGENS DESTA PÁGINA NÃO ESTÃO REPRESENTADAS EM PROPORÇÃO.

ANDA	RASTEJA
VOA	**NADA**

- FAÇA UMA PESQUISA PARA CONHECER OS ANIMAIS TÍPICOS DA REGIÃO EM QUE VOCÊ VIVE.
- DEPOIS, MONTE UM PAINEL COM ANIMAIS QUE ANDAM, NADAM, VOAM E RASTEJAM.

DESCUBRA O NOME DO ANIMAL

MATERIAL DE APOIO

- DESCUBRA A QUE ANIMAIS AS CURIOSIDADES SE REFEREM.
- DESTAQUE AS IMAGENS DA **PÁGINA 33** E COLE-AS NO LUGAR CORRETO. DEPOIS, COMPLETE O NOME DOS ANIMAIS.

AS IMAGENS DESTA PÁGINA NÃO ESTÃO REPRESENTADAS EM PROPORÇÃO.

SOU UM DOS ANIMAIS MAIS LENTOS.

L		S		

FICO ATÉ 8 DIAS SEM BEBER ÁGUA.

		M		L	

DURMO QUASE 20 HORAS POR DIA.

		T	

NASÇO DOS OVOS DE UMA RAINHA.

	B		L	H	

SUGESTÃO DE LIVRO

BRASIL 100 PALAVRAS, DE GILLES EDUAR. SÃO PAULO: COMPANHIA DAS LETRINHAS, 2014.

PERSONAGENS QUE SÃO ANIMAIS

- VOCÊ CONHECE ESTES PERSONAGENS? QUAL É O SEU PREFERIDO?

NG COLLECTION/INTERFOTO/LATINSTOCK

SIMBA

DIVULGAÇÃO/CULTURA MARCAS/PARAMOUNT

ALÍPIO

DREAMWORKS/EVERETT COLLECTION/FOTOARENA

MELMAN

© MAURICIO DE SOUSA/MAURICIO DE SOUSA PRODUÇÕES LTDA.

BIDU

© 20TH CENTURY FOX/EVERETT COLLECTION/FOTOARENA

BLU

DIVULGAÇÃO/WALT DISNEY COMPANY

MICKEY

- CONTORNE O NOME DO PERSONAGEM QUE É FORMADO POR 4 LETRAS.
- PROCURE SE LEMBRAR DE OUTROS PERSONAGENS QUE SÃO ANIMAIS E CONVERSE COM OS COLEGAS SOBRE ELES.

VOCÊ GOSTA DE INVENTAR?

- DIVIRTA-SE COM ESTE POEMA!

SE VOCÊ FOR INVENTOR INVENTE

UM CREME
QUE TIRE RUGA
DE PESCOÇO
DE TARTARUGA.

UM PENTE
QUE PENTEIE SOZINHO
LOMBO
DE PORCO-ESPINHO.

E UM LENÇO
FORTE BASTANTE
PARA ASSOAR TROMBA
DE ELEFANTE.

LÉ COM CRÉ, DE JOSÉ PAULO PAES. SÃO PAULO: ÁTICA, 2012.

- CONTORNE NO POEMA AS PALAVRAS QUE RIMAM.
- EM DUPLAS, USANDO O ALFABETO MÓVEL, ESTUDEM AS PALAVRAS QUE FORMAM AS RIMAS DO POEMA.
- ESCREVA ESSAS PALAVRAS NOS QUADROS AO LADO DE CADA ESTROFE.

CADA UM EM SUA CASA

- VOCÊ JÁ PENSOU NOS LUGARES ONDE OS ANIMAIS SE ABRIGAM?

O CARAMUJO

CANARINHO
FAZ O NINHO.
A ABELHA
FAZ COLMEIA.
A FORMIGA
O FORMIGUEIRO
E A TOUPEIRA
A SUA TOCA,
[...]
TODO BICHO
QUE FAZ CASA
CONSTRÓI, DECORA
LIMPA, ARRUMA
DORME, ACORDA
COME, ARRUMA
E VAI EMBORA.
SÓ O CARAMUJO
CARREGA NAS COSTAS
COM CHUVA
OU COM SOL
A CASA QUE FAZ,
E A CASA ONDE MORA.

ABECEDÁRIO DOS BICHOS QUE EXISTEM E QUE NÃO EXISTEM, DE CARLOS RODRIGUES BRANDÃO. CAMPINAS: AUTORES ASSOCIADOS, 2008.

- DESTAQUE AS PEÇAS DA **PÁGINA 37** E MONTE O QUEBRA-CABEÇA.

MATERIAL DE APOIO

CANARINHO – NINHO	ABELHA – COLMEIA
TOUPEIRA – TOCA	FORMIGA – – FORMIGUEIRO

- DESENHE O CARAMUJO COM SUA CASA.

OBSERVAR É PRECISO!

ISA E IARA SÃO MUITO OBSERVADORAS. NÃO PERDEM UM DETALHE.
VAMOS OBSERVAR TAMBÉM?

- OBSERVE O GATO E A CADEIRA DA COLUNA AO LADO.
- CONTORNE ABAIXO OS DESENHOS EM QUE O GATO ESTÁ NA MESMA POSIÇÃO.

- FAÇA UM **X** NO GATO QUE ESTÁ SENTADO NA FRENTE DA CADEIRA.
- FAÇA UMA ● NO GATO QUE ESTÁ SENTADO ATRÁS DA CADEIRA.
- QUANTAS CADEIRAS ESTÃO ILUSTRADAS NESTA PÁGINA? ☐

O GALO E A PEDRA PRECIOSA

- OUÇA A FÁBULA COM ATENÇÃO E CONVERSE SOBRE ELA COM OS COLEGAS.

- ESCREVA AS PALAVRAS QUE COMPLETAM A FRASE:

O ______________________ ENCONTROU A ______________________.

- COMPARE AS PALAVRAS QUE VOCÊ ESCREVEU E CONTORNE A QUE TEM MAIS LETRAS.
- PINTE A CENA.

O QUE HÁ NA MATA?

- OUÇA COM ATENÇÃO A LEITURA DO POEMA.

A MATA

A MATA TEM SOM
TEM CHEIRO E TEM COR
TEM FRUTA DO PÉ
TEM BICHO E TEM FLOR.

A MATA TEM OLHOS
TEM PÉS E TEM MÃOS
TEM MARCAS E TRILHAS
TEM SUA MISSÃO.

DENTRO DA MATA, DE NANA TOLEDO. BLUMENAU: VALE DAS LETRAS, 2009.

- ESCREVA NOS QUADROS O QUE HÁ NA MATA DE ACORDO COM O POEMA. ATENÇÃO PARA A QUANTIDADE DE LETRAS DAS PALAVRAS.

SABER ORIENTAR-SE É MUITO BOM!

NUNO E NINA ESTÃO NO PARQUE E NÃO SABEM SE VÃO PARA A ESQUERDA OU PARA A DIREITA.

- PINTE DE ▬▬ O QUE ESTÁ À DIREITA DELES.

- PINTE DE ▬▬ O QUE ESTÁ À ESQUERDA DELES.
- COMO É A CAMISETA DE NUNO? PINTE AS LISTRAS QUE ESTÃO FALTANDO.

SEPARANDO AS FIGURAS

NUNO E PEDRO ESTÃO SEPARANDO FIGURAS DE ANIMAIS E FIGURAS DE PLANTAS.

- CONTORNE COM A COR ▬▬▬ AS PLANTAS.
- CONTORNE COM A COR ▬▬▬ OS ANIMAIS.
- FAÇA UM **X** NA FIGURA QUE SOBROU.
- HÁ QUANTAS FIGURAS DE ANIMAIS? ☐ E DE PLANTAS? ☐
- E NO TOTAL, HÁ QUANTAS FIGURAS? ☐

ANIMAIS EXTINTOS E ANIMAIS EM EXTINÇÃO

MUITOS ANIMAIS JÁ FORAM EXTINTOS DO PLANETA TERRA. OS DINOSSAUROS SÃO UM EXEMPLO DISSO.

SPL/LATINSTOCK

ALBERT COPLEY/VISUALS UNLIMITED/CORBIS/LATINSTOCK

OUTROS ANIMAIS CORREM RISCO DE EXTINÇÃO POR DIFERENTES MOTIVOS.

- FAÇA UMA PESQUISA SOBRE OS ANIMAIS EM EXTINÇÃO. ESCREVA NO QUADRO ABAIXO O NOME DE ALGUNS DELES.

ANIMAIS EM EXTINÇÃO

A NATUREZA PEDE SOCORRO!

- O QUE VOCÊ VÊ NESTAS DUAS FOTOS?

AS IMAGENS DESTA PÁGINA NÃO ESTÃO REPRESENTADAS EM PROPORÇÃO.

ANDRE DIB/PULSAR IMAGENS

NATUREZA PRESERVADA

MARIO TAMA/GETTY IMAGES/AGÊNCIA FRANCE-PRESSE

NATUREZA DESTRUÍDA

- CONTORNE O QUE VOCÊ ACHA QUE TAMBÉM FOI EXTERMINADO QUANDO A MATA FOI QUEIMADA.

LEONP/SHUTTERSTOCK/GLOW IMAGES

MILOSK50/SHUTTERSTOCK/GLOW IMAGES

DECHA THAPANYA/SHUTTERSTOCK/GLOW IMAGES

BIGBOOM/SHUTTERSTOCK/GLOW IMAGES

FIFOPROD/SHUTTERSTOCK/GLOW IMAGES

MONTICELLO/SHUTTERSTOCK/GLOW IMAGES

RAMONKI/SHUTTERSTOCK/GLOW IMAGES

INGA NIELSEN/SHUTTERSTOCK/GLOW IMAGES

POLUIÇÃO

MATERIAL DE APOIO

- DESTAQUE AS IMAGENS DA **PÁGINA 39** E COLE-AS NOS LUGARES CORRETOS. DEPOIS, CONVERSE SOBRE CADA UMA DELAS COM OS COLEGAS DE CLASSE.

AR

ÁGUA

SOLO

RECICLAR!

- OUÇA A LEITURA DO POEMA.

LIXO DE LUXO

[...]
AINDA BEM QUE INVENTARAM
ESTA TAL DE RECICLAGEM.
PAPEL VELHO VIRA NOVO.
VEJA SÓ QUE BELA IMAGEM!

TODO LIXO, QUE FANTÁSTICO,
PODE SER APROVEITADO.
LATA, VIDRO, PAPEL OU PLÁSTICO
VÃO EM CESTO SEPARADO.

NA ESCOLA, DÁ PRA INVENTAR
COISA NOVA ATÉ DE LATA.
É GOSTOSO DE BRINCAR
COM BRINQUEDO DE SUCATA.

POESIAS PARA CRIANÇAS: ECOLOGIA, DE EVELYN HEINE.
BLUMENAU: BRASILEITURA, [S.D.].

- ESCREVA NOS QUADROS O NOME DO MATERIAL QUE PODE SER COLOCADO EM CADA LIXEIRA.
- QUAIS DESSES NOMES TÊM 5 LETRAS?
- PINTE AS LIXEIRAS COM AS CORES CORRESPONDENTES.

CORPO HUMANO – O QUE A GENTE VÊ

- LIGUE CADA PALAVRA À RESPECTIVA PARTE DA ILUSTRAÇÃO DO CORPO HUMANO.

BRAÇO

PERNA

JOELHO

MÃO

BOCA

COTOVELO

DEDO

NARIZ

OLHO

TESTA

SUGESTÃO DE CD

MCD/ARQUIVO DA EDITORA

O ELEFANTE E A JOANINHA, DE HÉLIO ZISKIND, MCD.

- ENCONTRE E PINTE A PRIMEIRA LETRA DE CADA PARTE DO CORPO NO ALFABETO.

A	B	C	D	E	F	G	H	I	J	K	L	M
N	O	P	Q	R	S	T	U	V	W	X	Y	Z

CORPO HUMANO – O QUE A GENTE NÃO VÊ

QUANDO NOS OLHAMOS NO ESPELHO, VEMOS O CORPO HUMANO APENAS POR FORA. MAS VOCÊ SABE O QUE HÁ DENTRO DA PELE DO NOSSO CORPO?

- COMPLETE AS PALAVRAS E DESCUBRA O NOME DE OUTRAS PARTES DO CORPO HUMANO.

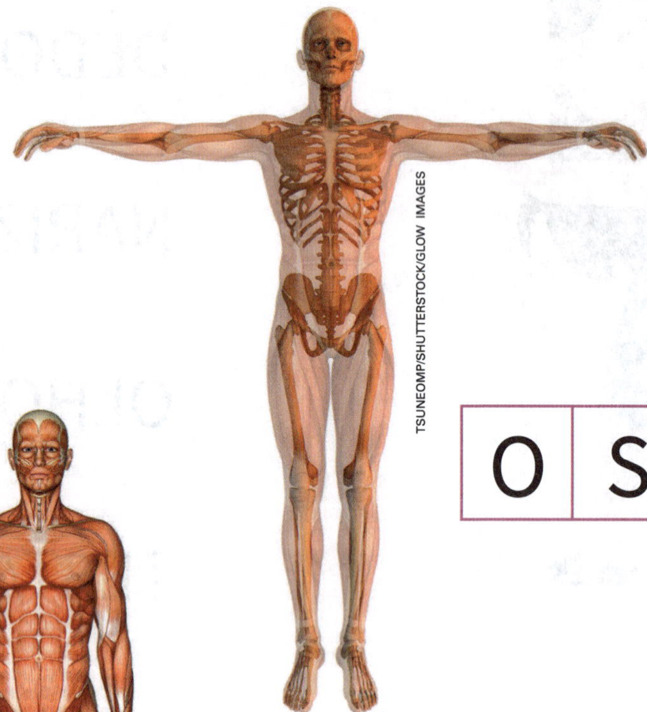

TSUNEOMP/SHUTTERSTOCK/GLOW IMAGES

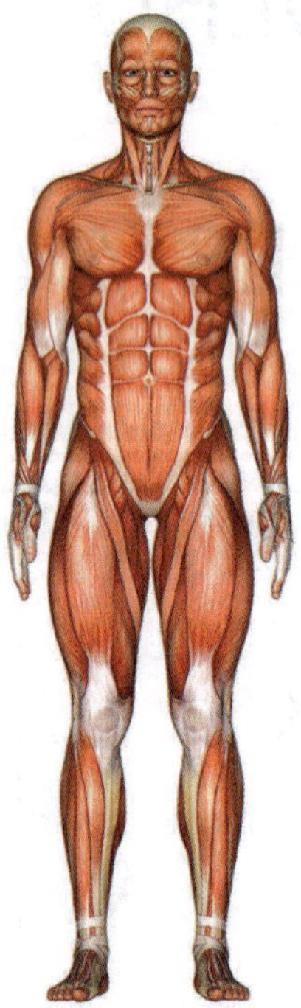

TSUNEOMP/SHUTTERSTOCK/GLOW IMAGES

V

M

Ú

O S _ O S

C

U

L

Ó R G Ã _ S

S

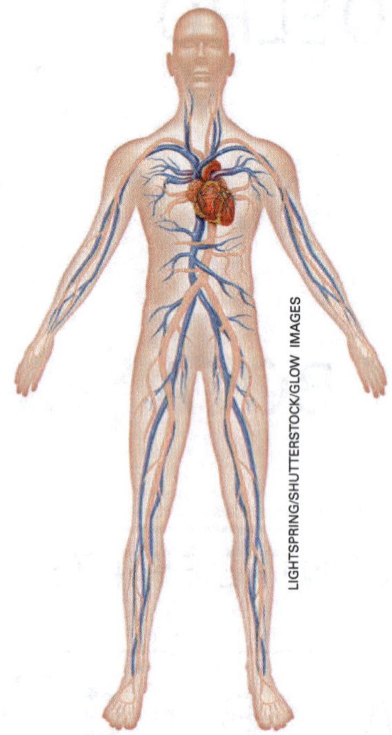

LIGHTSPRING/SHUTTERSTOCK/GLOW IMAGES

O CORPO HUMANO – UMA MÁQUINA PERFEITA!

- VEJA AS IMAGENS A SEGUIR E, DEPOIS, CONVERSE COM OS COLEGAS DE CLASSE SOBRE CADA UMA DELAS.

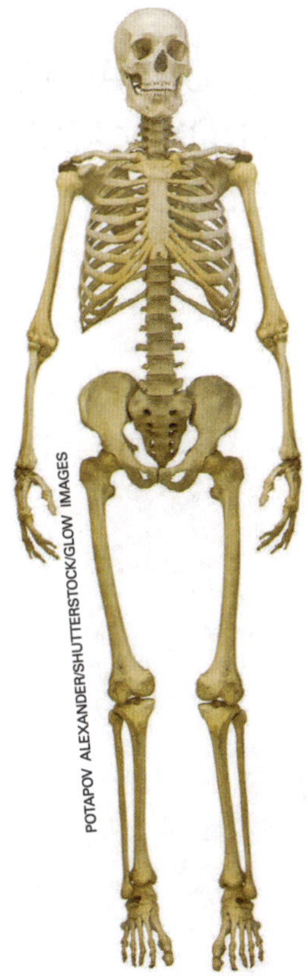

POTAPOV ALEXANDER/SHUTTERSTOCK/GLOW IMAGES

VOCÊ SABIA QUE O MENOR OSSO DO CORPO HUMANO É MENOR DO QUE UMA SEMENTE DE GIRASSOL? ELE SE CHAMA **ESTRIBO** E ESTÁ LOCALIZADO NA ORELHA.

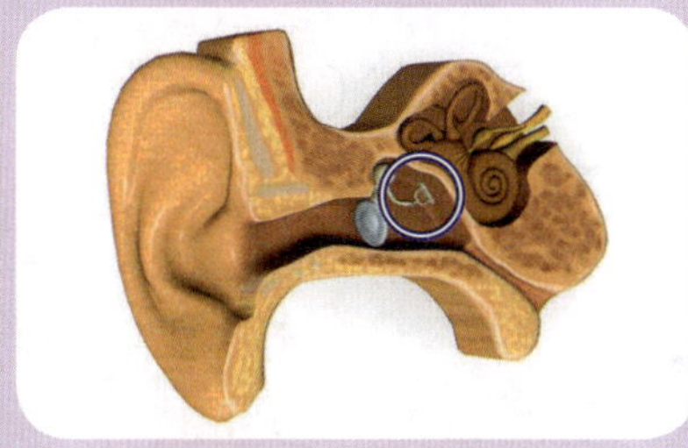

3DRENDERINGS/ SHUTTERSTOCK/GLOW IMAGES

KATHARINA SCHARLE/ SHUTTERSTOCK/GLOW IMAGES

SEMENTES DE GIRASSOL

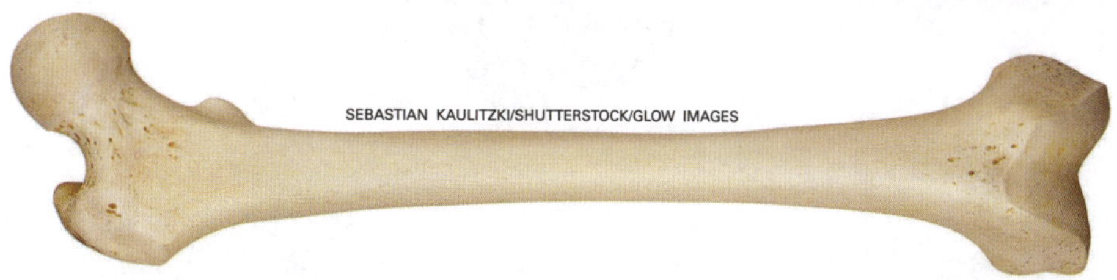

SEBASTIAN KAULITZKI/SHUTTERSTOCK/GLOW IMAGES

O **FÊMUR** É O MAIOR OSSO DO CORPO HUMANO.

- NO ESQUELETO ACIMA, LOCALIZE E CONTORNE O MAIOR OSSO DO CORPO HUMANO.

O QUE FAZ O SANGUE CIRCULAR NO CORPO HUMANO?

- VAMOS CANTAR UM TRECHO DA CANÇÃO "BATE CORAÇÃO"?

BATE CORAÇÃO

[...]
BATE, BATE, BATE CORAÇÃO
DENTRO DESSE VELHO PEITO

[...]
OI, TUM, TUM, BATE CORAÇÃO
OI, TUM, CORAÇÃO PODE BATER
[...]

ALEGRIA (CD), DE ELBA RAMALHO, ARIOLA/POLYGRAM.

VOCÊ SABIA QUE O CORAÇÃO TEM O TAMANHO APROXIMADO DA MÃO FECHADA?

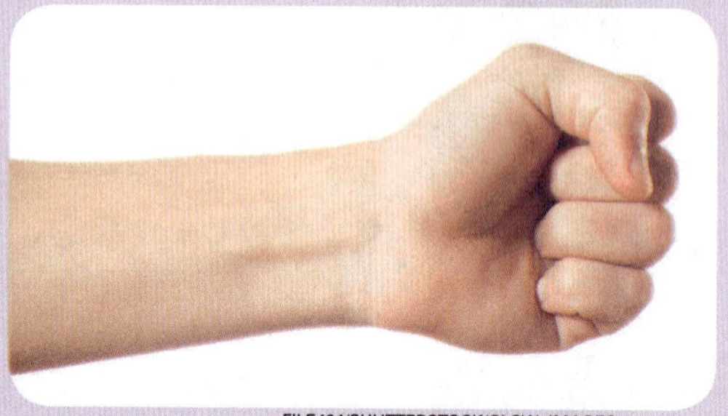

FILE404/SHUTTERSTOCK/GLOW IMAGES

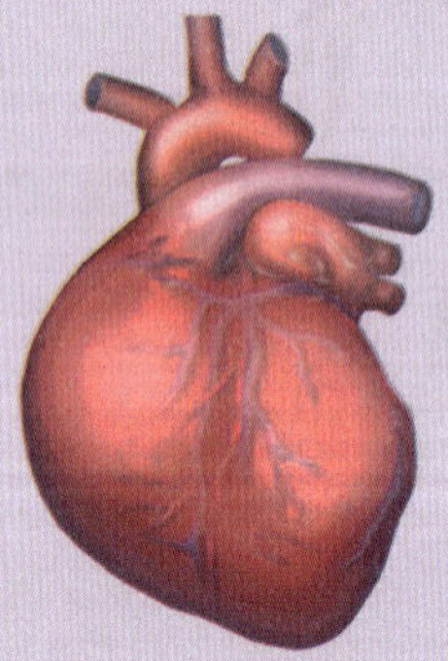

- ONDE FICA O CORAÇÃO? DESENHE O CORAÇÃO DE LUCA.
- CONTORNE AS PALAVRAS QUE REPRESENTAM O SOM DA BATIDA DO CORAÇÃO.

A BOCA - OS DENTES

A BOCA É UMA PARTE MUITO IMPORTANTE DO CORPO HUMANO, POIS É ATRAVÉS DELA QUE INGERIMOS ALIMENTOS, PRODUZIMOS SONS, ENTRE OUTRAS COISAS.
OS DENTES, A SALIVA E A LÍNGUA NOS AJUDAM A CRESCER SAUDÁVEIS.

- CONTE QUANTOS DENTES MARIANA TEM E ESCREVA O NÚMERO NO QUADRINHO.

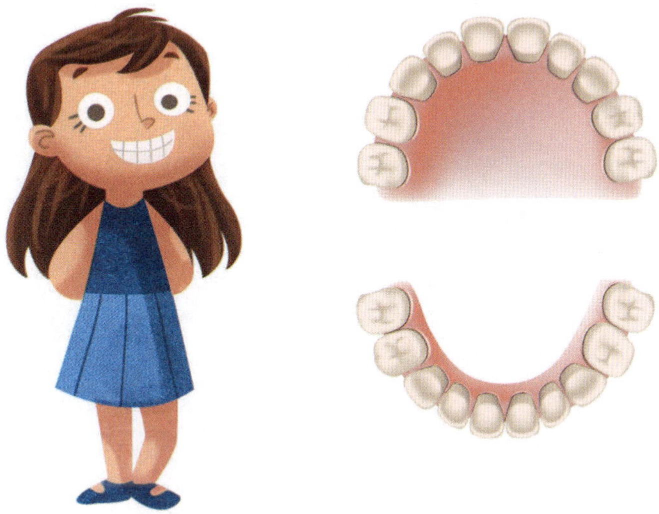

☐ DENTES

- AGORA CONTE QUANTOS DENTES TEM O PAI DE MARIANA E ESCREVA O NÚMERO NO QUADRINHO.

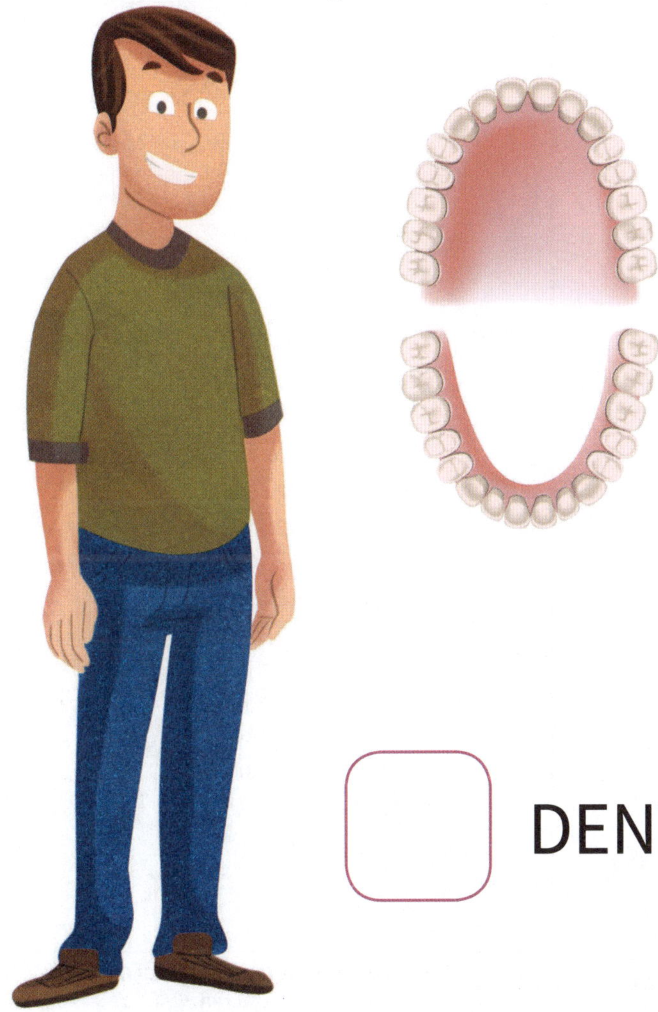

☐ DENTES

UMA ALIMENTAÇÃO SAUDÁVEL

MATERIAL DE APOIO

VOCÊ JÁ OUVIU FALAR DA PIRÂMIDE ALIMENTAR?

- VAMOS CONVERSAR SOBRE ESSA PIRÂMIDE E ENTENDER O QUE ELA REPRESENTA?
- DESTAQUE AS PEÇAS DA **PÁGINA 41** E MONTE O QUEBRA-CABEÇA.

FONTE: **MANUAL DE ALIMENTAÇÃO PARA OS CENTROS DE EDUCAÇÃO INFANTIL CONVENIADOS**. SECRETARIA MUNICIPAL DE EDUCAÇÃO – SÃO PAULO, 2011; SOCIEDADE BRASILEIRA DE PEDIATRIA, DEPARTAMENTO DE NUTROLOGIA.

NA DOSE CERTA!

VOCÊ SABIA QUE DEVEMOS FAZER SEIS REFEIÇÕES POR DIA?

- DESENHE EM CADA QUADRO OS ALIMENTOS QUE VOCÊ COME EM CADA REFEIÇÃO.

CAFÉ DA MANHÃ

LANCHE DA MANHÃ

ALMOÇO

LANCHE DA TARDE

JANTAR

LANCHE ANTES DE DORMIR

RÓTULOS E INFORMAÇÕES

- OBSERVE O RÓTULO DA EMBALAGEM ABAIXO E TENTE DESCOBRIR TODAS AS INFORMAÇÕES QUE ELE CONTÉM.

- SERÁ QUE O PRODUTO AINDA ESTÁ BOM PARA O CONSUMO?

PARA HIDRATAR... ÁGUA!

VOCÊ SABIA QUE A MAIOR PARTE DO CORPO HUMANO É COMPOSTA DE ÁGUA? BEBER ÁGUA É MUITO IMPORTANTE PARA A SAÚDE! A ÁGUA É FONTE DE VIDA. MAS NÃO SE ESQUEÇA DE QUE PRECISA SER ÁGUA LIMPA, FILTRADA OU FERVIDA.

- EM QUAIS PERÍODOS DO DIA VOCÊ COSTUMA BEBER ÁGUA? FAÇA UM **X** NOS QUADRINHOS CORRESPONDENTES.

☐ MANHÃ ☐ TARDE ☐ NOITE

NO MUNDO EM QUE VIVEMOS... TEMOS ÁGUA!

AS IMAGENS DESTA PÁGINA NÃO ESTÃO REPRESENTADAS EM PROPORÇÃO.

- FAÇA UM **X** NAS IMAGENS QUE MOSTRAM ONDE ENCONTRAMOS ÁGUA SALGADA E UMA ● NAS IMAGENS QUE INDICAM LUGARES ONDE A ÁGUA NÃO É SALGADA.

MYKOLA MAZURYK/SHUTTERSTOCK/GLOW IMAGES

VIKTOR GLADKOV/SHUTTERSTOCK/GLOW IMAGES

JON BILOUS/SHUTTERSTOCK/GLOW IMAGES

- CONVERSE COM OS COLEGAS DE CLASSE A RESPEITO DA IMPORTÂNCIA DA ÁGUA PARA A SOBREVIVÊNCIA E TAMBÉM PARA AS ATIVIDADES DO DIA A DIA.

TINNAPONG/SHUTTERSTOCK/GLOW IMAGES

ULRICH MUELLER/SHUTTERSTOCK/GLOW IMAGES

SHELL114/SHUTTERSTOCK/GLOW IMAGES

NETFALLS - REMY MUSSER/SHUTTERSTOCK/GLOW IMAGES

EM QUAL CABE MAIS?

DIARIAMENTE, AS PESSOAS UTILIZAM A ÁGUA EM DIFERENTES QUANTIDADES.

- PENSE NA QUANTIDADE DE ÁGUA QUE CABE EM CADA UM DOS OBJETOS ABAIXO.

XÍCARA DE CHÁ

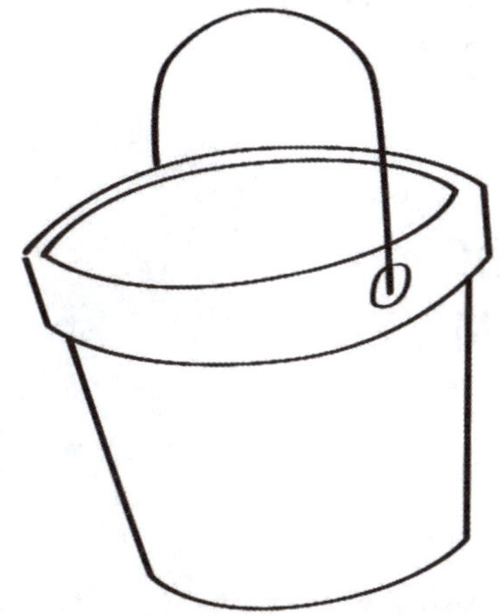

BALDE

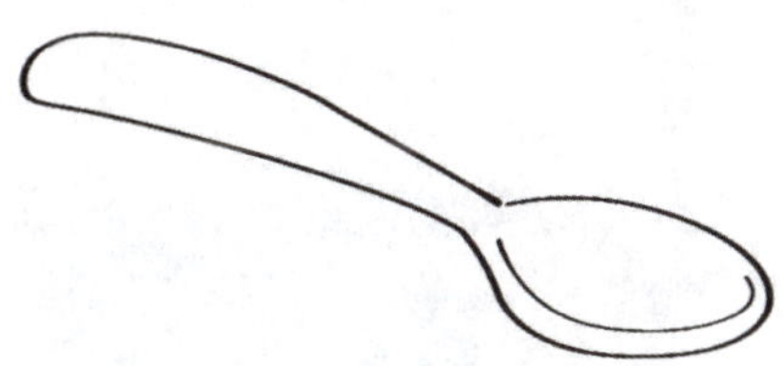

COLHER

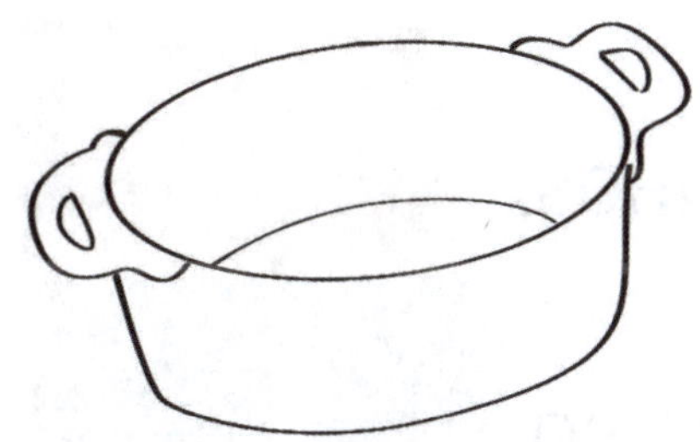

PANELA

- PINTE DE O OBJETO EM QUE CABE MENOS ÁGUA.
- PINTE DE O OBJETO EM QUE CABE MAIS ÁGUA.
- DEIXE EM BRANCO O QUE SOBRAR.

REGRAS

1. CONVIDE UM COLEGA PARA JOGAR COM VOCÊ.
2. JOGUE UM DADO E ANDE COM UM MARCADOR A QUANTIDADE DE CASAS CORRESPONDENTE AOS PONTOS QUE VOCÊ TIROU.
3. SIGA AS ORIENTAÇÕES DOS QUADRINHOS.
4. VENCE QUEM CHEGAR PRIMEIRO AO FINAL DO PERCURSO.

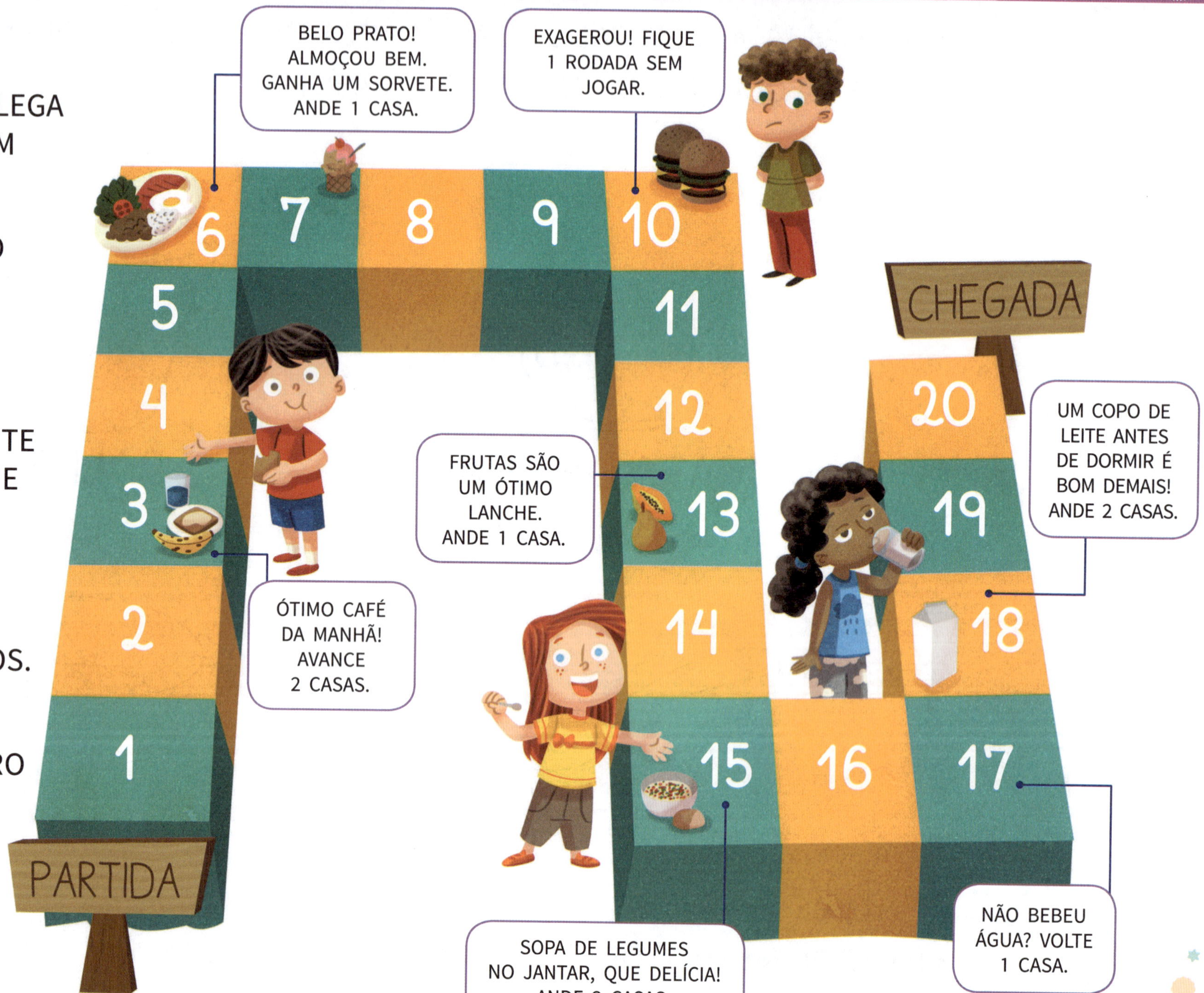

UNIDADE 4

A NOSSA CULTURA

CULTURA

- ACOMPANHE A LEITURA DO POEMA.

CULTURA

APRENDI COM O MEU PAI TUDO
O QUE ELE APRENDEU COM O DELE.
COISAS QUE ENSINAREI AO MEU FILHO,
QUE ENSINARÁ PARA O MEU NETO.

MÍNIMAS DESCOBERTAS, DE ELIAS JOSÉ. SÃO PAULO: PAULUS, 2005.

AVÔ PAI

- O QUE VOCÊ GOSTOU DE APRENDER COM SUA FAMÍLIA?
- ESCREVA O PRIMEIRO NOME DE SEUS AVÓS E DEPOIS COMENTE COM OS COLEGAS.

____

____

- CONTORNE NO POEMA AS PALAVRAS QUE INDICAM PARENTESCO.

SOMOS TODOS DIFERENTES!

- CANTE A CANÇÃO E DIVIRTA-SE!

NORMAL É SER DIFERENTE

TÃO LEGAL, Ó MINHA **GENTE**!
PERCEBER QUE É MAIS FELIZ QUEM COMPREENDE
QUE A **AMIZADE** NÃO VÊ COR, NEM CONTINENTE
E O NORMAL ESTÁ NAS COISAS **DIFERENTES**
[...]

GRANDES PEQUENINOS – VOLUME 2 (CD), DE JAIR OLIVEIRA.

- PINTE NO QUADRO DE LETRAS AS PALAVRAS DESTACADAS NO TRECHO DA CANÇÃO.

F	G	D	I	F	E	R	E	N	T	E	S	X	C	D
H	G	E	K	L	R	G	Ç	A	L	P	U	T	Y	I
A	M	I	Z	A	D	E	C	Z	L	S	M	L	G	M
N	S	C	X	E	R	D	C	G	E	N	T	E	Y	V

SUGESTÃO DE LIVRO

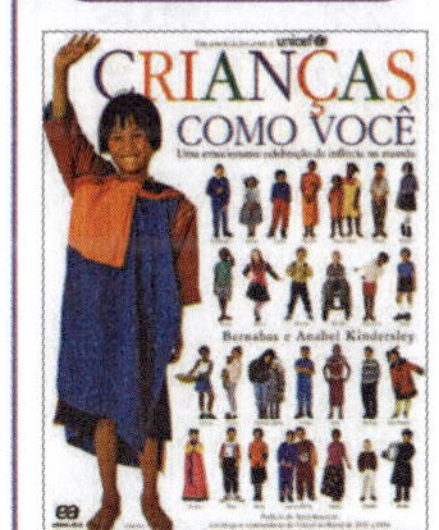

CRIANÇAS COMO VOCÊ, DE BARNABAS KINDERSLEY E ANABEL KINDERSLEY. SÃO PAULO: ÁTICA, 2009.

NO MUNDO EM QUE VIVEMOS TEMOS CULTURA

A TURMA DE YURI ESTÁ SE PREPARANDO PARA APRESENTAR UMA PESQUISA SOBRE O TEMA: “SE SOMOS TODOS BRASILEIROS, POR QUE SOMOS TÃO DIFERENTES?”.

- E VOCÊ, TAMBÉM ACHA QUE SOMOS MUITO DIFERENTES APESAR DE SERMOS TODOS BRASILEIROS?

MINHA PESQUISA

ESTE É O PAINEL QUE IARA FEZ COM A AJUDA DE SEUS PAIS.

AS IMAGENS DESTA PÁGINA NÃO ESTÃO REPRESENTADAS EM PROPORÇÃO.

FABIO COLOMBINI/ACERVO DO FOTÓGRAFO

FABIO COLOMBINI/ACERVO DO FOTÓGRAFO

MARIO FRIEDLANDER/PULSAR IMAGENS

EDSON SATO/PULSAR IMAGENS

FABIO COLOMBINI/ACERVO DO FOTÓGRAFO

FABIO COLOMBINI/ACERVO DO FOTÓGRAFO

- VOCÊ SABE DIZER O QUE ELA PESQUISOU?

OBJETOS INDÍGENAS

- OBSERVE AS FOTOS, O NOME DE CADA OBJETO E A LISTA DE PALAVRAS.
- COMPLETE OS QUADROS COM AS PALAVRAS CORRETAS.

AS IMAGENS DESTA PÁGINA NÃO ESTÃO REPRESENTADAS EM PROPORÇÃO.

LISTA DE PALAVRAS

CESTO
COLAR
OCA
PETECA

FABIO COLOMBINI/ACERVO DO FOTÓGRAFO

ARCO E FLECHA

PALÊ ZUPPANI/PULSAR IMAGENS

[ ]

FABIO COLOMBINI/ACERVO DO FOTÓGRAFO

INDÍGENA

FABIO COLOMBINI/ACERVO DO FOTÓGRAFO

[ ]

FABIO COLOMBINI/ACERVO DO FOTÓGRAFO

COCAR

FABIO COLOMBINI/ACERVO DO FOTÓGRAFO

[ ]

FABIO COLOMBINI/ACERVO DO FOTÓGRAFO

[ ]

OCA

AS OCAS, ASSIM COMO AS CASAS, PODEM SER DIFERENTES.

- OBSERVE OS TIPOS DE OCA.

RITA BARRETO/ACERVO DA FOTÓGRAFA

EDSON SATO/PULSAR IMAGENS

VOCÊ SABIA QUE UMA OCA GRANDE PODE LEVAR DE 10 A 15 DIAS PARA SER CONSTRUÍDA POR 20 A 30 INDÍGENAS?

- ESCREVA A PALAVRA **OCA**:

- DESENHE UMA ALDEIA INDÍGENA.

TINTAS DA NATUREZA

PARA PINTAR O CORPO E OS OBJETOS, OS INDÍGENAS PREPARAM TINTAS COM PLANTAS E FRUTOS.

AS IMAGENS DESTA PÁGINA NÃO ESTÃO REPRESENTADAS EM PROPORÇÃO.

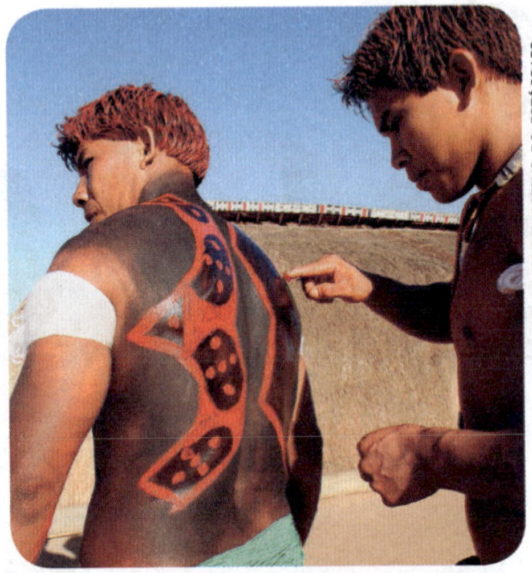

FABIO COLOMBINI/ACERVO DO FOTÓGRAFO

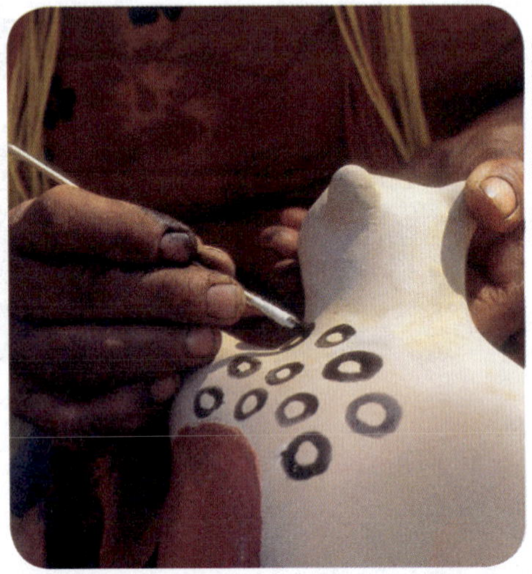

ROSA GAUDITANO/STUDIO R

FABIO COLOMBINI/ACERVO DO FOTÓGRAFO

JOÃO PRUDENTE/PULSAR IMAGENS

URUCUM

COR DA TINTA:

JENIPAPO

COR DA TINTA:

- COM O PROFESSOR, PREPARE TINTAS NATURAIS.
- DESTAQUE A FIGURA DA **PÁGINA 41** E PINTE-A COM AS TINTAS QUE PREPAROU. DEPOIS, COLE-A AQUI.

MATERIAL DE APOIO

PENAS E SEMENTES

OS POVOS INDÍGENAS USAM PENAS E SEMENTES PARA FAZER COCARES E COLARES.

AS IMAGENS DESTA PÁGINA NÃO ESTÃO REPRESENTADAS EM PROPORÇÃO.

EDSON SATO/PULSAR IMAGENS

MARIO FRIEDLANDER/PULSAR IMAGENS

MARIO FRIEDLANDER/PULSAR IMAGENS

FABIO COLOMBINI/ACERVO DO FOTÓGRAFO

- PINTE AS LETRAS QUE DIFERENCIAM ESTAS DUAS PALAVRAS.

C	O	L	A	R	E	S
C	O	C	A	R	E	S

PALAVRAS E SUAS ORIGENS

- ALGUMAS PALAVRAS DA LÍNGUA PORTUGUESA TÊM ORIGEM TUPI. DESEMBARALHE AS LETRAS E ESCREVA AS PALAVRAS NOS QUADROS.

AS IMAGENS DESTA PÁGINA NÃO ESTÃO REPRESENTADAS EM PROPORÇÃO.

ONDREJ PROSICKY/SHUTTERSTOCK

R U J A B U

FABIO COLOMBINI/ACERVO DO FOTÓGRAFO

B U J A T I

FABIO COLOMBINI/ACERVO DO FOTÓGRAFO

C A R É J A

- COM A AJUDA DO PROFESSOR, PESQUISE O SIGNIFICADO DESSAS PALAVRAS EM TUPI.
- AGORA, OBSERVE AS IMAGENS DOS ANIMAIS NOVAMENTE. POR QUE VOCÊ ACHA QUE ELES TÊM ESSES NOMES EM TUPI?

VAMOS FAZER UM PAU DE CHUVA?

VOCÊ VAI PRECISAR DE:

- 1 ROLO DE PAPEL
- FITA-CREPE
- 3 COLHERES DE GRÃOS: ARROZ OU FEIJÃO
- TINTA OU CANETAS COLORIDAS

1 FECHE O FUNDO DE UM LADO DO ROLO COM A FITA-CREPE.

2 COLOQUE OS GRÃOS DENTRO DO CANUDO E FECHE O OUTRO LADO COM A FITA-CREPE.

3 PINTE O CANUDO POR FORA COM TINTA OU FAÇA ENFEITES COM CANETAS COLORIDAS.

4 AGORA É SÓ BRINCAR!

LEMBRANÇAS DE MEUS BISAVÓS

- CONVERSE COM OS COLEGAS DE CLASSE SOBRE O CARTAZ QUE GABRIEL TROUXE.

AS IMAGENS DESTA PÁGINA NÃO ESTÃO REPRESENTADAS EM PROPORÇÃO.

CESAR DINIZ/PULSAR IMAGENS

R.M. NUNES/SHUTTERSTOCK/GLOW IMAGES

DIOGOPPR/SHUTTERSTOCK/GLOW IMAGES

ANTON_IVANOV/SHUTTERSTOCK/GLOW IMAGES

- VOCÊ SABE DIZER O QUE ELE PESQUISOU?

DANÇAR OU DEFENDER-SE?

APRENDEMOS A CAPOEIRA COM OS AFRICANOS.

* COMPLETE O NOME DESTA PRÁTICA DE DEFESA PESSOAL:

AS IMAGENS DESTA PÁGINA NÃO ESTÃO REPRESENTADAS EM PROPORÇÃO.

CESAR DINIZ/PULSAR IMAGENS

C	A			E	I		

* LEIA EM VOZ ALTA A PALAVRA QUE VOCÊ ACABOU DE COMPLETAR.
* CONVERSE COM OS COLEGAS DE CLASSE SOBRE OS INSTRUMENTOS UTILIZADOS PARA A PRÁTICA DA CAPOEIRA.

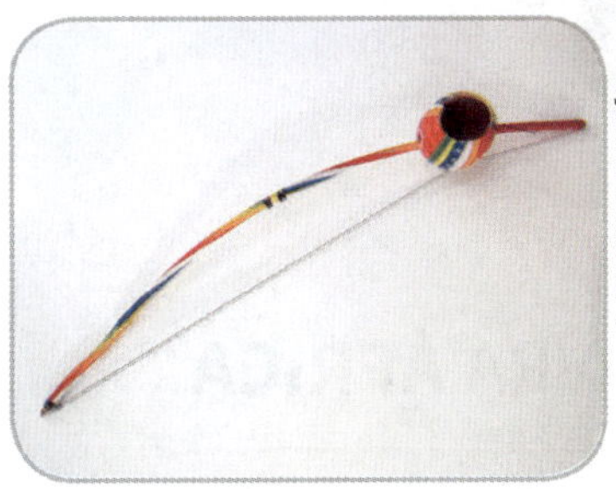

G. EVANGELISTA/OPÇÃO BRASIL IMAGENS

BERIMBAU

DUSAN ZIDAR/SHUTTERSTOCK/ GLOW IMAGES

ATABAQUE

GRIGIOMEDIO/SHUTTERSTOCK/ GLOW IMAGES

PANDEIRO

TAMARA KULIKOVA/ SHUTTERSTOCK/GLOW IMAGES

AGOGÔ

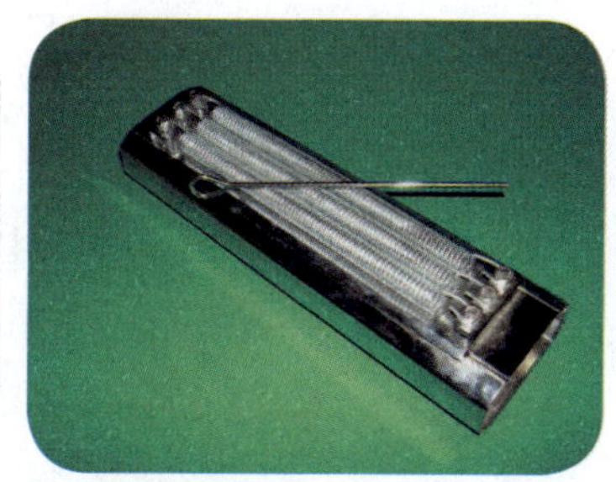

ALNO/WIKIMEDIA COMMONS

RECO-RECO

POVOS AFRICANOS

- VOCÊ JÁ OUVIU UM TAMBOR?

BATUQUE

[...]
TENHO UM TAMBOR
DENTRO DO PEITO
TENHO UM TAMBOR

É TODO ENFEITADO DE FITAS
VERMELHAS PRETAS
[AMARELAS E BRANCAS

TAMBOR QUE BATE
BATUQUE BATUQUE BATE
TAMBOR QUE BATE
BATUQUE BATUQUE BATE
QUE EVOCA BRAVURA DOS
[NOSSOS AVÓS
TAMBOR QUE BATE
BATUQUE BATUQUE BATE
[...]

BATUQUE, DE CARLOS DE ASSUMPÇÃO. DISPONÍVEL EM: <HTTPS://LUSOLEITURAS.WORDPRESS.COM/2011/06/01/ANTOLOGIA-DE-POESIA-DO-NEGRO/>. ACESSO EM: 18 JAN. 2017.

O TAMBOR É MUITO USADO EM RITMOS TRADICIONAIS AFRICANOS.

- TERMINE DE PINTAR AS FITAS DO TAMBOR USANDO AS CORES INDICADAS NO POEMA.

- ESCREVA NO QUADRO A PALAVRA **ÁFRICA**.

SUGESTÃO DE LIVRO

ESCOLA DE CHUVA, DE JAMES RUMFORD. SÃO PAULO: BRINQUE-BOOK, 2012.

VAMOS FAZER UM GUNGA?

- VOCÊ CONHECE UM INSTRUMENTO MUSICAL DE ORIGEM AFRICANA CHAMADO **GUNGA**? É MUITO FÁCIL FAZER UM. VAMOS TENTAR?
- LEIA A LISTA DE MATERIAL E SIGA AS ORIENTAÇÕES DO PROFESSOR.

POTINHOS VAZIOS

TAMPAS

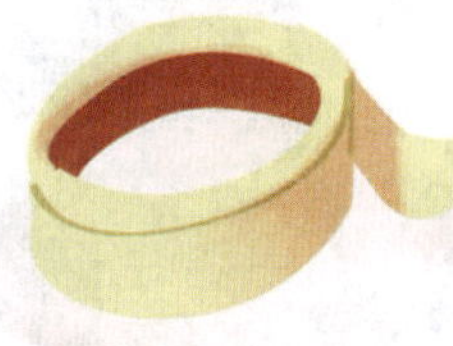

FITA ADESIVA

BARBANTE GROSSO

SEMENTES (DE MILHO, ARROZ OU FEIJÃO)

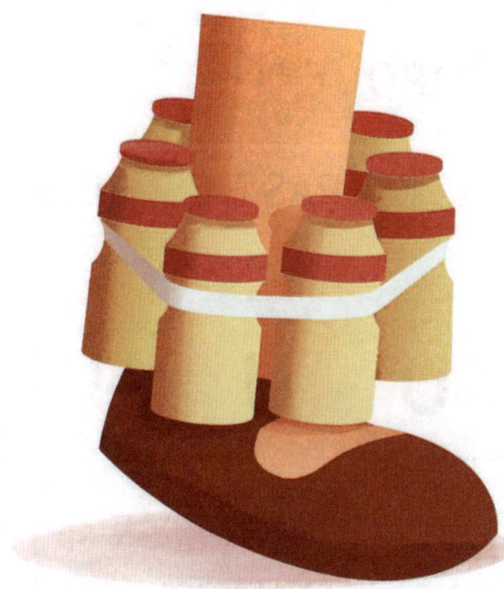

- VOCÊ JÁ OUVIU FALAR EM UBUNTU? OUÇA A HISTÓRIA E DESCUBRA ALGO QUE A ÁFRICA TEM A NOS ENSINAR.

EU SOU PORQUE NÓS SOMOS.

- DESEMBARALHE AS LETRAS E ESCREVA **UBUNTU**.

B	N	U	U	U	T

- ILUSTRE A HISTÓRIA QUE VOCÊ OUVIU.

SUGESTÃO DE LIVRO

UBUNTU: EU SOU PORQUE NÓS SOMOS, DE PEDRO SARMENTO. RIO DE JANEIRO: VIAJANTE DO TEMPO, 2014.

AGORA É A SUA VEZ!

ASSIM COMO IARA E GABRIEL FIZERAM ANTERIORMENTE, AGORA É VOCÊ QUEM VAI FAZER UM PAINEL CONTANDO ALGO SOBRE SEUS BISAVÓS.

- DE QUE PAÍS OU ESTADO ELES SÃO (OU ERAM)? QUE COSTUMES ELES TÊM (OU TINHAM)?

- COM A AJUDA DOS FAMILIARES, FAÇA UM DESENHO OU COLE ALGUMA IMAGEM QUE ILUSTRE SUA ASCENDÊNCIA.

DE ONDE VIERAM?

- FAÇA UM **X** NO CONTINENTE ONDE FICA O PAÍS DE ORIGEM DE SEUS BISAVÓS.

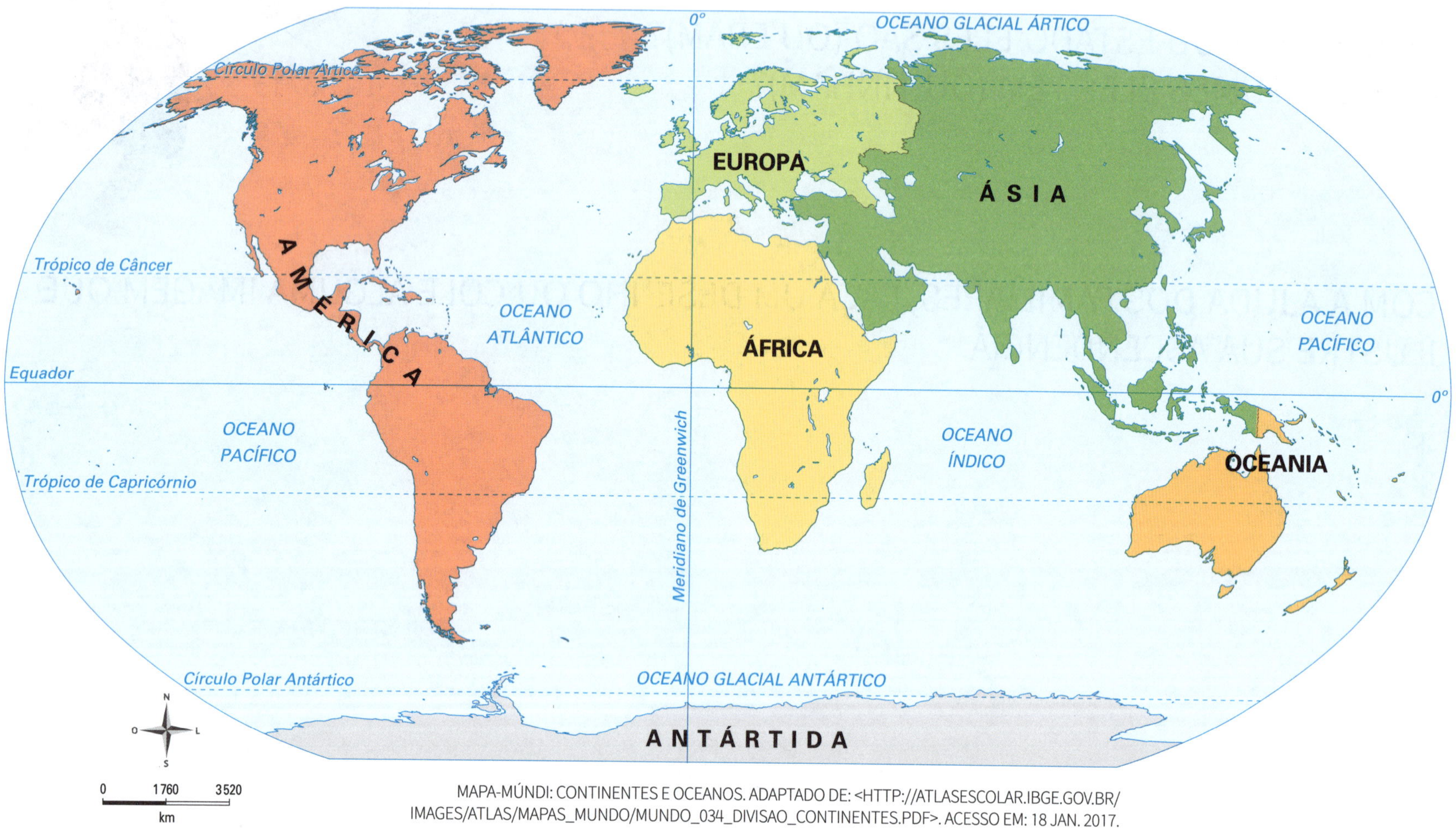

MAPA-MÚNDI: CONTINENTES E OCEANOS. ADAPTADO DE: <HTTP://ATLASESCOLAR.IBGE.GOV.BR/IMAGES/ATLAS/MAPAS_MUNDO/MUNDO_034_DIVISAO_CONTINENTES.PDF>. ACESSO EM: 18 JAN. 2017.

BRINCADEIRAS

- OBSERVE A OBRA DE RICARDO FERRARI.
- VOCÊ CONHECE AS BRINCADEIRAS QUE APARECEM NA TELA?
- COMPLETE AS PALAVRAS ABAIXO E CONHEÇA O NOME DE ALGUMAS BRINCADEIRAS DA CULTURA BRASILEIRA.
- DESTAQUE AS FIGURAS DA **PÁGINA 43** E COLE-AS NOS QUADROS CORRESPONDENTES.

MATERIAL DE APOIO

RICARDO FERRARI/ACERVO DO ARTISTA

BRINCADEIRAS DE CRIANÇA, DE RICARDO FERRARI, 2015. ÓLEO SOBRE TELA, 120 cm × 90 cm.

SUGESTÃO DE LIVRO

REPRODUÇÃO/PROJETO EDITORA

SACO DE BRINQUEDOS, DE CARLOS URBIM. PORTO ALEGRE: PROJETO, 1997.

P	E			-				

		L	A	R

C	O	R		

Q	U	E	I				

HUMMM... COMIDA BOA!

DIFERENTES POVOS QUE MORAM NO BRASIL NOS ENSINARAM A GOSTAR DE MUITAS DE SUAS COMIDAS.

- LIGUE CADA POVO A UMA DE SUAS COMIDAS TÍPICAS.

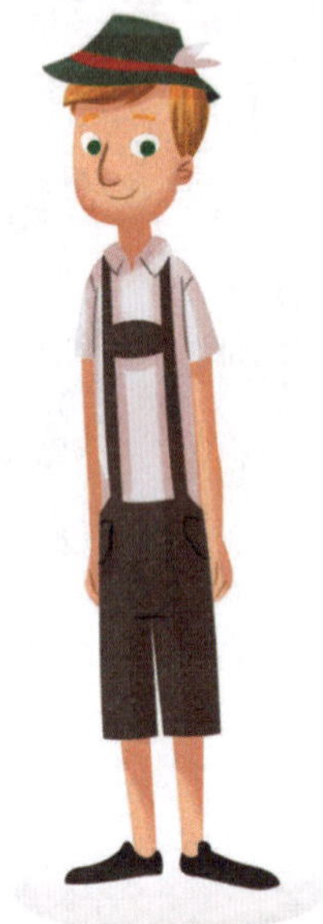

AS IMAGENS DESTA PÁGINA NÃO ESTÃO REPRESENTADAS EM PROPORÇÃO.

IULIIA TIMOFEEVA/SHUTTERSTOCK/ GLOW IMAGES

TAPIOCA

DIOGOPPR/SHUTTERSTOCK/ GLOW IMAGES

FEIJOADA

LIV FRIIS-LARSEN/SHUTTERSTOCK/ GLOW IMAGES

PIZZA

TIM UR/SHUTTERSTOCK/ GLOW IMAGES

SALSICHA

AS DANÇAS DE CADA LUGAR – O CARIMBÓ

- CANTE E DANCE O CARIMBÓ COM OS COLEGAS.

DANÇA DO CARIMBÓ

DONA MARIA, QUE DANÇA É ESSA
QUE A GENTE DANÇA SÓ
DONA MARIA, QUE DANÇA É ESSA
É CARIMBÓ, É CARIMBÓ

BRAÇO PRA CIMA
BRAÇO PRA BAIXO
AGORA EU JÁ SEI COMO É QUE É
SÓ FALTA BATER A MÃO
BATENDO TAMBÉM O PÉ
[...]

VINTE SUPERSUCESSOS (CD), DE PINDUCA. SONY MUSIC, 1999.

CARLOS SODRÉ/AGÊNCIA PARÁ/DIVULGAÇÃO

- ESCREVA NO QUADRO O NOME DESSA DANÇA.

- QUANTAS LETRAS TEM A PALAVRA QUE VOCÊ ESCREVEU?

☐ LETRAS

- QUAL É A PRIMEIRA LETRA DA PALAVRA **CARIMBÓ**? E A SEGUNDA? ESCREVA-AS ABAIXO.

- VOCÊ CONHECE OUTRAS PALAVRAS QUE COMECEM COM ESSAS LETRAS? ESCREVA-AS A SEGUIR.

O SAMBA

MATERIAL DE APOIO

- DESTAQUE AS FOTOGRAFIAS DA **PÁGINA 43** E CONVERSE SOBRE ELAS.
- COMPLETE AS PALAVRAS E COLE AS IMAGENS NOS ESPAÇOS CORRESPONDENTES.

					R	I	M

			D	E	I		

				Q	U	I	N	H	

		R		O

		Í		

QUAL É A SEMELHANÇA ENTRE A ARRUMAÇÃO DE UMA CASA E O SAMBA?

O FREVO

BOM DANADO

EITA FREVO BOM DANADO
EITA POVO ANIMADO
QUANDO O FREVO COMEÇA
[PARECE QUE O MUNDO JÁ
[VAI SE ACABAR
QUEM CAI NO PASSO NÃO
[QUER MAIS PARAR
[...]

BOM DANADO, DE LUIZ BANDEIRA E ERNANE SÉVE. DISPONÍVEL EM: <WWW.APRENDAFREVO.COM.BR/?AREA=LETRAS>. ACESSO EM: 19 JAN. 2017.

MATERIAL DE APOIO

- DESTAQUE AS PALAVRAS DA **PÁGINA 45**. ANALISE-AS COM O PROFESSOR E OS COLEGAS, USANDO O ALFABETO MÓVEL.
- ESCREVA O NOME DA DANÇA NO QUADRO.

- TERMINE DE PINTAR A CENA USANDO AS CORES DA BANDEIRA DE PERNAMBUCO.

O CATERETÊ

FORMA A FILA CATIREIRO
PRA DANÇAR O CATERETÊ
NO COMPASSO DA VIOLA
CONFORME PRECISA SER

OS FAVORITOS DA CATIRA & OS MENSAGEIROS DOS SANTOS REIS (DVD). TRATORE, 2008.

- DE ACORDO COM A LETRA DA CANÇÃO, ESCREVA NOS QUADROS:

O NOME DA DANÇA:

O NOME DADO A QUEM DANÇA O CATERETÊ:

O NOME DO INSTRUMENTO QUE SE TOCA NO CATERETÊ:

A CHIMARRITA

A CHIMARRITA

VOU CANTAR A CHIMARRITA,
QUE UMA MOÇA ME PEDIU,
NÃO QUERO QUE A MOÇA DIGA,
INGRATO, NÃO ME SERVIU.
[...]

PIAZITO CARRETEIRO/A CHIMARRITA (LP), DE CONJUNTO FARROUPILHA. ODEON, 1956.

- COMPLETE A CRUZADINHA COM ALGUMAS PALAVRAS QUE CARACTERIZAM A CHIMARRITA. CONSULTE O QUADRO.

ROUPAS	RODA	GAITA	FILA

F P
C H I M A R R I T A
S
D

CARNAVAL PRA LÁ E PRA CÁ

O CARNAVAL TEM ORIGEM NO ENTRUDO, UMA FESTA POPULAR DOS PORTUGUESES. NO BRASIL, O CARNAVAL É COMEMORADO DE DIFERENTES MANEIRAS.

- OBSERVE AS FOTOS.

AS IMAGENS DESTA PÁGINA NÃO ESTÃO REPRESENTADAS EM PROPORÇÃO.

MIGEL/SHUTTERSTOCK/GLOW IMAGES

VINICIUS TUPINAMBA/SHUTTERSTOCK/GLOW IMAGES

LEO CALDAS/PULSAR IMAGENS

- DESENHE O QUE VOCÊ VÊ NO CARNAVAL DA SUA CIDADE.

OUTRAS MANIFESTAÇÕES ARTÍSTICAS

HÁ OUTRAS FORMAS DE SE EXPRESSAR, DE FAZER ARTE.

AS IMAGENS DESTA PÁGINA NÃO ESTÃO REPRESENTADAS EM PROPORÇÃO.

- IDENTIFIQUE MAIS ALGUMAS NAS CENAS ABAIXO.

REPRODUÇÃO/COLUMBIA PICTURES

CINEMA

CHSHERBAKOVA YULIYA/SHUTTERSTOCK/GLOW IMAGES

ARTESANATO

J. L. BULCÃO/PULSAR IMAGENS

ESCULTURA

- QUAL É O NOME DA EXPRESSÃO ARTÍSTICA DA IMAGEM AO LADO? ESCREVA COLOCANDO UMA LETRA EM CADA QUADRINHO.

DELFIM MARTINS/TYBA

UM PINTOR E UM ESCULTOR BRASILEIROS

- OBSERVE ESTA PINTURA. ELA FOI FEITA POR RAFAEL MURIÓ.

RAFAEL MURIÓ/ACERVO DO ARTISTA

MESTRE VITALINO, DE RAFAEL MURIÓ, 2005. TÉCNICA MISTA, 100 cm × 100 cm.

O TRIO DE FORROZEIROS: ZABUMBA, SANFONA E TRIÂNGULO, DE MESTRE VITALINO, CERCA DE 1950.

MATERIAL DE APOIO

- DESTAQUE AS PEÇAS DO QUEBRA-CABEÇA DA **PÁGINA 45** E MONTE-O PARA CONHECER A OBRA DE MESTRE VITALINO RETRATADA POR RAFAEL MURIÓ.
- PESQUISE NA INTERNET OUTRAS OBRAS DE RAFAEL MURIÓ E DE MESTRE VITALINO.
- CRIE OBJETOS OU PERSONAGENS COM MASSINHA OU ARGILA.

ARTE E FORMAS GEOMÉTRICAS

MUITOS ARTISTAS USAM FORMAS GEOMÉTRICAS PARA CRIAR SUAS OBRAS DE ARTE.

- OBSERVE ESTA OBRA.

ERICH LESSING/LATINSTOCK

CASTELO E SOL, DE PAUL KLEE, 1928.

- LOCALIZE AS FIGURAS ABAIXO NO QUADRO DE PAUL KLEE.

QUADRADO

CÍRCULO

TRIÂNGULO

RETÂNGULO

SUGESTÃO DE LIVRO

REPRODUÇÃO/PUBLIFOLHA

ARTE PARA CRIANÇAS, DE DORLING KINDERSLEY/ PUBLIFOLHINHA, 2011.

ELE DESENHA E ESCREVE PARA AS CRIANÇAS

MAURICIO DE SOUSA CRIA PERSONAGENS PARA HISTÓRIAS EM QUADRINHOS. SERÁ QUE VOCÊ CONHECE ALGUNS DOS PERSONAGENS QUE APARECEM ABAIXO?

- OBSERVE-OS E, DEPOIS, LIGUE-OS DE ACORDO COM O QUE É PEDIDO.

MÔNICA E CEBOLINHA	MAGALI E CASCÃO	ANJINHO E BIDU	CHICO BENTO E ROSINHA

- ESCREVA OS NOMES DOS PERSONAGENS QUE TÊM AS SEGUINTES CARACTERÍSTICAS:

GOSTA DE MANDAR

NÃO GOSTA DE TOMAR BANHO

DE QUE HISTÓRIA SÃO OS PERSONAGENS?

MUITOS ESCRITORES CRIARAM PERSONAGENS E HISTÓRIAS INFANTIS QUE FAZEM PARTE DE NOSSA CULTURA.

- VEJA AS CAPAS DOS LIVROS A SEGUIR E CONVERSE SOBRE ESSAS HISTÓRIAS COM OS COLEGAS DE CLASSE.

EDITORA SCIPIONE/ARQUIVO DA EDITORA

EDITORA SCIPIONE/ARQUIVO DA EDITORA

COMPANHIA DAS LETRINHAS/ARQUIVO DA EDITORA

- EM QUANTAS E EM QUAIS DESSAS HISTÓRIAS O VILÃO É O LOBO?
- EM QUANTAS E EM QUAIS DESSAS HISTÓRIAS APARECE UM NÚMERO NO TÍTULO? QUE NÚMEROS SÃO ESSES?
- EM QUANTAS E EM QUAIS DESSAS HISTÓRIAS APARECE O NOME DE UMA COR NO TÍTULO? QUE CORES SÃO ESSAS?

FAZENDO TV

- VAMOS CRIAR UM FILME E UMA TELEVISÃO PARA TRANSMITI-LO?

  1. COM OS COLEGAS, CRIE UMA HISTÓRIA OU ESCOLHA UMA QUE VOCÊS JÁ CONHECEM E GOSTARIAM DE APRESENTAR.
  2. CADA UM DEVE DESENHAR UMA CENA DA HISTÓRIA EM UMA FOLHA DE PAPEL SULFITE, SEGUINDO AS ORIENTAÇÕES DO PROFESSOR.
  3. O PROFESSOR VAI MONTAR UM ROLO COM OS DESENHOS PRONTOS E ENCAIXÁ-LO NA TELEVISÃO.
  4. COMBINEM QUEM PASSARÁ O FILME E QUEM CONTARÁ A HISTÓRIA.

- ESCREVA ABAIXO O NOME DO FILME.

PARLENDAS, TRAVA-LÍNGUAS E ADIVINHAS

MARIANA ESTÁ RECITANDO UMA PARLENDA.

- ACOMPANHE A PARLENDA “HOJE É DOMINGO” COM TODA A TURMA.

PEDRO ESTÁ DIZENDO UM TRAVA-LÍNGUA.

- TENTE FALAR BEM RÁPIDO COM OS COLEGAS.

- ISA QUER QUE VOCÊ DESVENDE A ADIVINHA.

- VOCÊ CONHECE ALGUMA ADIVINHA?

SUGESTÃO DE LIVRO

MEU LIVRO DE FOLCLORE, DE RICARDO AZEVEDO. SÃO PAULO: ÁTICA, 2011.

AS LINHAS CURVAS DE OSCAR NIEMEYER

OSCAR NIEMEYER FICOU CONHECIDO NO MUNDO TODO POR SEU TRABALHO. ELE VIVEU 104 ANOS E DESENHOU PROJETOS DE BELAS CONSTRUÇÕES.

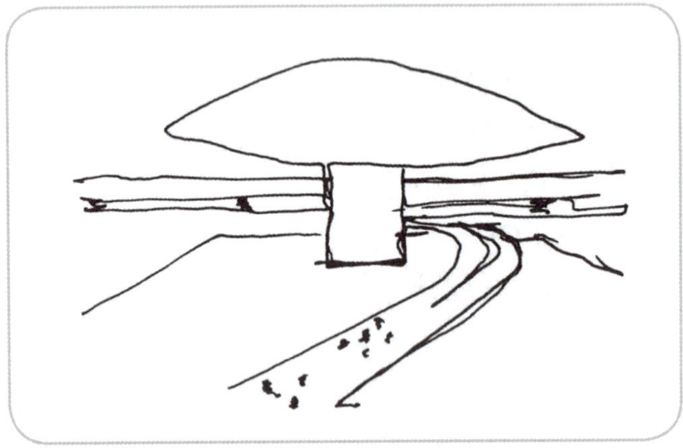

WWW4.PLANALTO.GOV.BR/ARQUIVO DA EDITORA

DESENHO DO MUSEU OSCAR NIEMEYER, 2001.

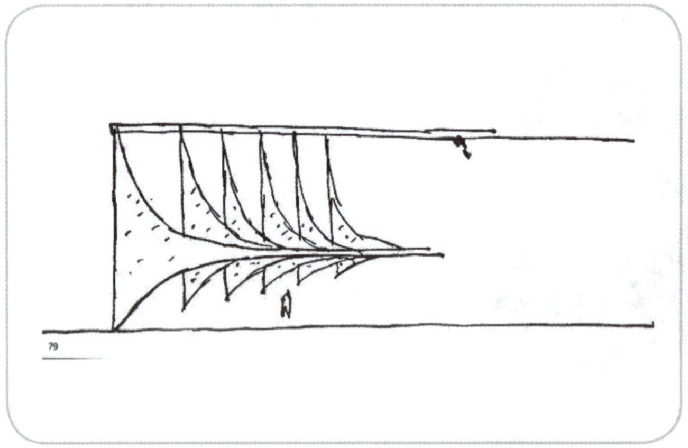

WWW4.PLANALTO.GOV.BR/ARQUIVO DA EDITORA

DESENHO DO PALÁCIO DO PLANALTO, 1958.

SEHENSWERK/SHUTTERSTOCK/GLOW IMAGES

MUSEU OSCAR NIEMEYER, CURITIBA (PR).

ED VIGGIANI/PULSAR IMAGENS

PALÁCIO DO PLANALTO, BRASÍLIA (DF).

- CONVERSE COM OS COLEGAS PARA DESCOBRIR QUAL ERA A PROFISSÃO DE OSCAR NIEMEYER. PINTE O QUADRINHO COM A RESPOSTA CORRETA.

CANTOR	ARQUITETO	ATOR

VOCÊ JÁ VISITOU UM MUSEU?

NA CIDADE DE SÃO PAULO, ASSIM COMO EM OUTRAS CIDADES DO BRASIL E DO MUNDO, HÁ INÚMEROS MUSEUS.

- CONVERSE COM OS COLEGAS DE CLASSE SOBRE O QUE MOSTRA CADA MUSEU ABAIXO.
- LIGUE CADA MUSEU À FOTO DE SEU INTERIOR.

AS IMAGENS DESTA PÁGINA NÃO ESTÃO REPRESENTADAS EM PROPORÇÃO.

CHAD ZUBER/SHUTTERSTOCK/GLOW IMAGES

MUSEU DO FUTEBOL

CESAR DINIZ/PULSAR IMAGENS

MUSEU DA LÍNGUA PORTUGUESA

DELFIM MARTINS/PULSAR IMAGENS

MUSEU DA AVIAÇÃO

LETICIA MOREIRA/FOLHAPRESS

DELFIM MARTINS/PULSAR IMAGENS

RUBENS CHAVES/PULSAR IMAGENS

O CIRCO

IR AO CIRCO É UMA MANEIRA INTERESSANTE DE SE DIVERTIR.

- CONVERSE COM OS COLEGAS SOBRE AS ATRAÇÕES QUE APARECEM ABAIXO.
- DEPOIS, DESEMBARALHE AS LETRAS E COMPLETE AS PALAVRAS.

O CIRCO

VAI, VAI, VAI COMEÇAR A BRINCADEIRA
TEM CHARANGA TOCANDO A NOITE INTEIRA
VEM, VEM, VEM VER O CIRCO DE VERDADE
TEM, TEM, TEM PICADEIRO E QUALIDADE
[...]

SIDNEY MILLER: **ELENCO** (CD). UNIVERSAL MUSIC, 1967.

A E P T

T	R	A			Z	I	S		

A Ç P O

		L	H	A		

C I G O

M	Á				

TEATRO, TELEVISÃO, CINEMA

MATERIAL DE APOIO

- O QUE VOCÊ SABE SOBRE O TEATRO, A TELEVISÃO E O CINEMA?
- DESTAQUE AS FOTOGRAFIAS DA **PÁGINA 47** E CONVERSE SOBRE ELAS COM OS COLEGAS.
- COMPLETE AS PALAVRAS. DEPOIS, COLE AS FOTOGRAFIAS NOS QUADROS CORRESPONDENTES.

A			R	E	S

C	Â				

F		G		R			

		Q	U	I				

- DESCUBRA O QUE HÁ EM COMUM ENTRE AS TRÊS FORMAS DE REPRESENTAR.

O QUE EU JÁ SEI

- ACOMPANHE A LEITURA DO POEMA.

EU JÁ SEI!

COLA, TINTA E PINCEL
LÁPIS, BORRACHA E PAPEL.
CORDA, BAMBOLÊ E PIÃO
LETRA, POEMA E CANÇÃO.

TUDO ISSO EU JÁ SEI
E AINDA NÃO CANSEI!
O QUE SERÁ QUE TEM
PARA O ANO QUE VEM?

MARINA S. LUPINETTI, ESCRITO ESPECIALMENTE PARA ESTA OBRA.

- COM OS COLEGAS, CONSTRUA DOIS PAINÉIS COLETIVOS: UM COM TUDO O QUE VOCÊS APRENDERAM NESTE ANO E OUTRO COM O QUE AINDA QUEREM APRENDER.

MATERIAL DE APOIO

ENVELOPE PARA O ALFABETO MÓVEL

DOBRE

B

DOBRE

DOBRE

A

DOBRE

ALFABETO MÓVEL

B	B	B	C	C	C	D
D	D	F	F	F	G	G
G	H	H	H	J	J	J
K	K	K	L	L	L	M

M	M	N	N	N	P	P
P	Q	Q	Q	R	R	R
S	S	S	T	T	T	V
V	V	W	W	W	X	X

X	Y	Y	Y	Z	Z	Z
Ç	Ç	A	A	A	A	Á
Á	Â	Â	Ã	Ã	E	E
E	Ê	Ê	É	É	I	I

I	I	I	Í	Í	O	O
O	Ó	Ó	Ô	Ô	Õ	Õ
U	U	U	Ú	Ú	-	-

ALFABETO

AMANDA

A A

ABÓBORA

NORTONGO/SHUTTERSTOCK

BIANCA

B B

BAILARINA

ALEXANDER.YAKOVLEV/ SHUTTERSTOCK/ GLOW IMAGES

CECÍLIA

C C

CAVALO

TAMARA DIDENKO/ SHUTTERSTOCK

DAVI

D D

DINOSSAURO

METHA1819/ SHUTTERSTOCK

ENZO

E E

ELEFANTE

FOUR OAKS/SHUTTERSTOCK

FERNANDO

F F

FOCA

ERIC ISSELEE/SHUTTERSTOCK

GUILHERME

G G

GAIOLA

NIKOLA SPASENOSKI/SHUTTERSTOCK/GLOW IMAGES

HENRIQUE

H H

HÉLICE

IAKOV FILIMONOV/SHUTTERSTOCK

IARA

I I

IOIÔ

RICK GAYLE/CORBIS/LATINSTOCK

JOÃO

J J

JABUTI

MARIO FRIEDLANDER/PULSAR IMAGENS

KEVIN

K K

KETCHUP

PHOTOSHOT/OTHER IMAGES

LUCA

L L

LARANJA

DIONISVERA/SHUTTERSTOCK

MARIANA

M | M

MALA

ANNT/SHUTTERSTOCK

NUNO

N | N

NINHO

LEPAS/SHUTTERSTOCK

OTO

O | O

OVELHA

ERIC ISSELEE/SHUTTERSTOCK/ GLOW IMAGES

PEDRO

P | P

PANELA

YULIA NIKULYASHA NIKITINA/ SHUTTERSTOCK/GLOW IMAGES

QUITÉRIA

Q | Q

QUATRO

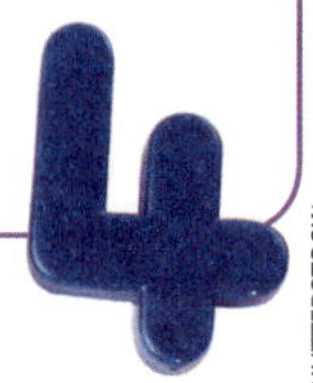

SHUTTERSTOCK/ GLOW IMAGES

RENATA

R | R

RATO

PAKHNYUSHCHY/SHUTTERSTOCK

SAMIR

S S

SABÃO

MARCIO CAPOVILLA/ARQUIVO DA EDITORA

TIAGO

T T

TIJOLO

WINDU/SHUTTERSTOCK

ÚRSULA

U U

URSO

SERGEY URYADNIKOV/SHUTTERSTOCK

VALENTINA

V V

VIOLÃO

EASY FOTOSTOCK/EASYPIX

WESLEY

W W

WEBCAM

ARTUR SYNENKO/SHUTTERSTOCK/GLOW IMAGES

XIMENA

X X

XILOFONE

279PHOTO/SHUTTERSTOCK

YURI

Y Y

YAKISOBA

LIZA54500/SHUTTERSTOCK

ZULEIDE

Z Z

ZÍPER

THAWORNNURAK/SHUTTERSTOCK

QUANTOS SOMOS?

FIGURAS PARA A ATIVIDADE DA **PÁGINA 7** DO LIVRO.

HORA DO JOGO – BINGO DOS NOMES

PEÇAS PARA A ATIVIDADE DA **PÁGINA 31** DO LIVRO.

YURI	GABRIEL	JOÃO	ISA	LUCA
NUNO	NINA	PEDRO	IARA	MARIANA

BINGO

QUE HORAS SÃO?

RELÓGIO PARA A ATIVIDADE DA **PÁGINA 35** DO LIVRO.

ANTES, DURANTE E DEPOIS

CENAS PARA A ATIVIDADE DA **PÁGINA 40** DO LIVRO.

A RODA

FIGURAS PARA A ATIVIDADE DA **PÁGINA 47** DO LIVRO.

VAMOS ACENDER A LUZ?

PEÇAS PARA A ATIVIDADE DA **PÁGINA 50** DO LIVRO.

MEIOS DE TRANSPORTE

PEÇAS PARA A ATIVIDADE DA **PÁGINA 70** DO LIVRO.

MAURICIO SIMONETTI/PULSAR IMAGENS

ISMAR INGBER/ PULSAR IMAGENS

MESMO SENTIDO E SENTIDO CONTRÁRIO

FIGURAS PARA A ATIVIDADE DA **PÁGINA 72** DO LIVRO.

DESAFIO

FIGURAS PARA A ATIVIDADE DA **PÁGINA 89** DO LIVRO.

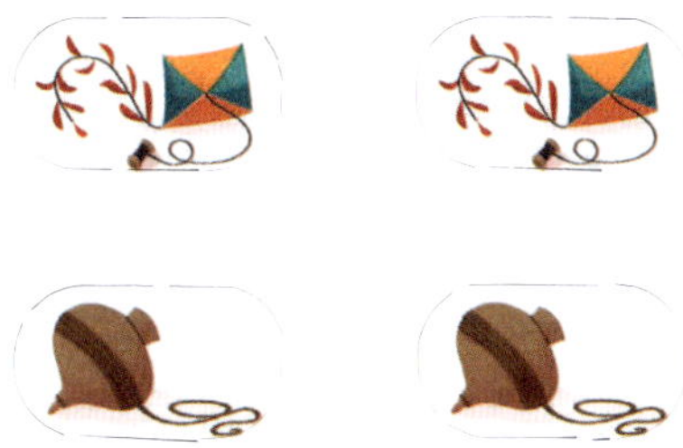

HORA DO JOGO - OUTRAS GRANDES INVENÇÕES

PEÇAS PARA O QUEBRA-CABEÇA DA **PÁGINA 94** DO LIVRO.

OS ELEMENTOS DESTA PÁGINA NÃO ESTÃO REPRESENTADOS COM PROPORÇÕES REAIS.
IMAGENS: SHUTTERSTOCK/GLOW IMAGES.

COMO PODEMOS CONSUMIR AS FRUTAS?

IMAGENS PARA A ATIVIDADE DA **PÁGINA 101** DO LIVRO.

VACLAV VOLRAB/SHUTTERSTOCK/GLOW IMAGES

ARTEM SAMOKHVALOV/ SHUTTERSTOCK/GLOW IMAGES

ANNA SEDNEVA/SHUTTERSTOCK/GLOW IMAGES

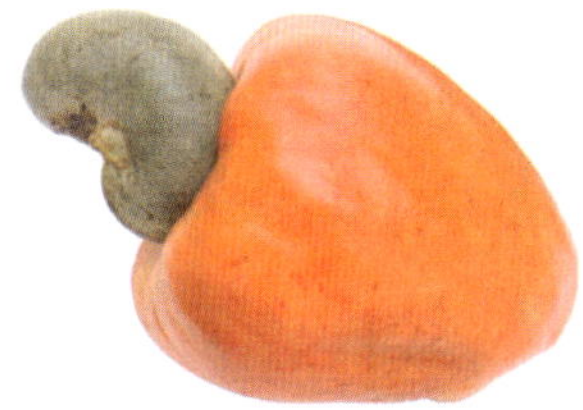

IV NIKOLNY/SHUTTERSTOCK/GLOW IMAGES

MAKS NARODENKO/ SHUTTERSTOCK/GLOW IMAGES

EVGENYI/SHUTTERSTOCK/GLOW IMAGES

ALEKSEY TROSHIN/SHUTTERSTOCK/GLOW IMAGES

DIOGOPPR/SHUTTERSTOCK/GLOW IMAGES

MAKS NARODENKO/SHUTTERSTOCK/GLOW IMAGES

TIM UR/SHUTTERSTOCK/GLOW IMAGES

MAKS NARODENKO/SHUTTERSTOCK/GLOW IMAGES

MAKS NARODENKO/ SHUTTERSTOCK/GLOW IMAGES

PLANTAR, CULTIVAR, COLHER

CENAS PARA A ATIVIDADE DA **PÁGINA 102** DO LIVRO.

UM DESAFIO: EM QUAL CABE MAIS?

PLACAS PARA A ATIVIDADE DA **PÁGINA 107** DO LIVRO.

QUAL É O ANIMAL?

PEÇAS PARA A ATIVIDADE DA **PÁGINA 112** DO LIVRO.

DESCUBRA O NOME DO ANIMAL

IMAGENS PARA A ATIVIDADE DA **PÁGINA 114** DO LIVRO.

COMO OS ANIMAIS SE LOCOMOVEM?

IMAGENS PARA A ATIVIDADE DA **PÁGINA 113** DO LIVRO.

ANAN KAEWKHAMMUL/ SHUTTERSTOCK

KRUGLOV_ORDA/SHUTTERSTOCK/GLOW IMAGES

PHOTOMATZ/SHUTTERSTOCK/ GLOW IMAGES

ERIC ISSELEE/ SHUTTERSTOCK/ GLOW IMAGES

CADA UM EM SUA CASA

PEÇAS PARA A ATIVIDADE DA **PÁGINA 117** DO LIVRO.

POLUIÇÃO

IMAGENS PARA A ATIVIDADE DA **PÁGINA 125** DO LIVRO.

UMA ALIMENTAÇÃO SAUDÁVEL

PEÇAS PARA A ATIVIDADE DA **PÁGINA 132** DO LIVRO.

TINTAS DA NATUREZA

FIGURA PARA A ATIVIDADE DA **PÁGINA 146** DO LIVRO.

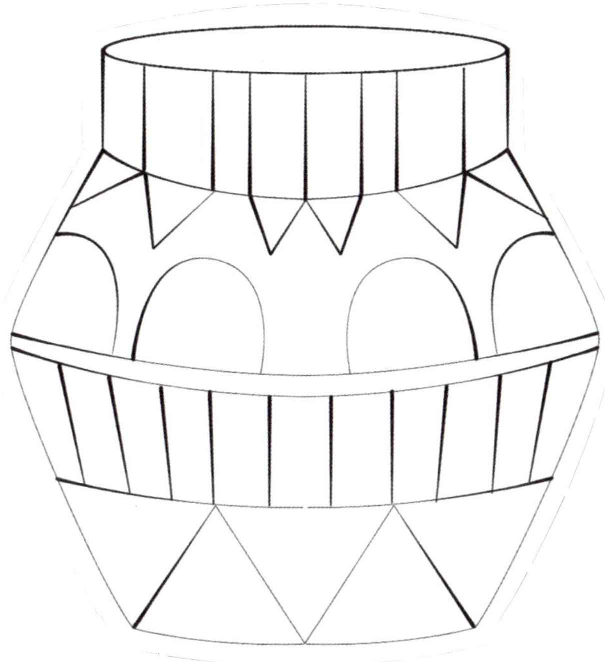

BRINCADEIRAS

FIGURAS PARA A ATIVIDADE DA **PÁGINA 157** DO LIVRO.

O SAMBA

FOTOGRAFIAS PARA A ATIVIDADE DA **PÁGINA 160** DO LIVRO.

ISMAR INGBER/ PULSAR IMAGENS

DIVULGAÇÃO/IZZO

DUTKO/ISTOCKPHOTO/GETTY IMAGES

BORIS MEDVEDEV/ SHUTTERSTOCK

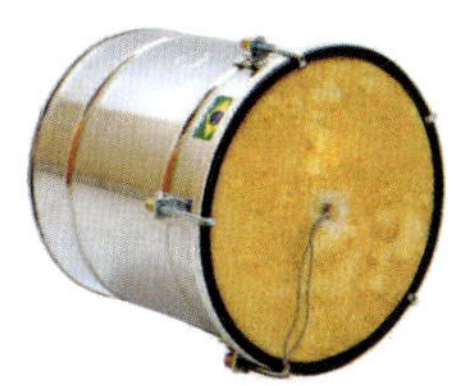

DIVULGAÇÃO/ GOPE PERCUSSION

O FREVO

PALAVRAS PARA A ATIVIDADE DA **PÁGINA 161** DO LIVRO.

FREVO	FERVER	FREVER

UM PINTOR E UM ESCULTOR BRASILEIROS

PEÇAS PARA A ATIVIDADE DA **PÁGINA 166** DO LIVRO.

G. EVANGELISTA/OPÇÃO BRASIL IMAGENS

TEATRO, TELEVISÃO, CINEMA

FOTOGRAFIAS PARA A ATIVIDADE DA **PÁGINA 175** DO LIVRO.

IGOR BULGARIN/SHUTTERSTOCK

CREATISTA/SHUTTERSTOCK

VLADIMIR WRANGEL/ SHUTTERSTOCK

CHRISTIAN BERTRAND/ SHUTTERSTOCK

QUANTOS INSETOS!

FOTOGRAFIAS PARA A ATIVIDADE DA **PÁGINA 26** DO CADERNO DE LETRAS E NÚMEROS.

IRIN-K/SHUTTERSTOCK

IRIN-K/SHUTTERSTOCK

ALSLUTSKY/SHUTTERSTOCK

SUNS07BUTTERFLY/ SHUTTERSTOCK

AMMAK/SHUTTERSTOCK